這才是以色列

揭露歷史謊言和神話底下的以色列

TEN MYTHS ABOUT ISRAEL

以色列最敢言的歷史學家
Ilan Pappé
伊蘭・帕佩——著 方昱和——譯

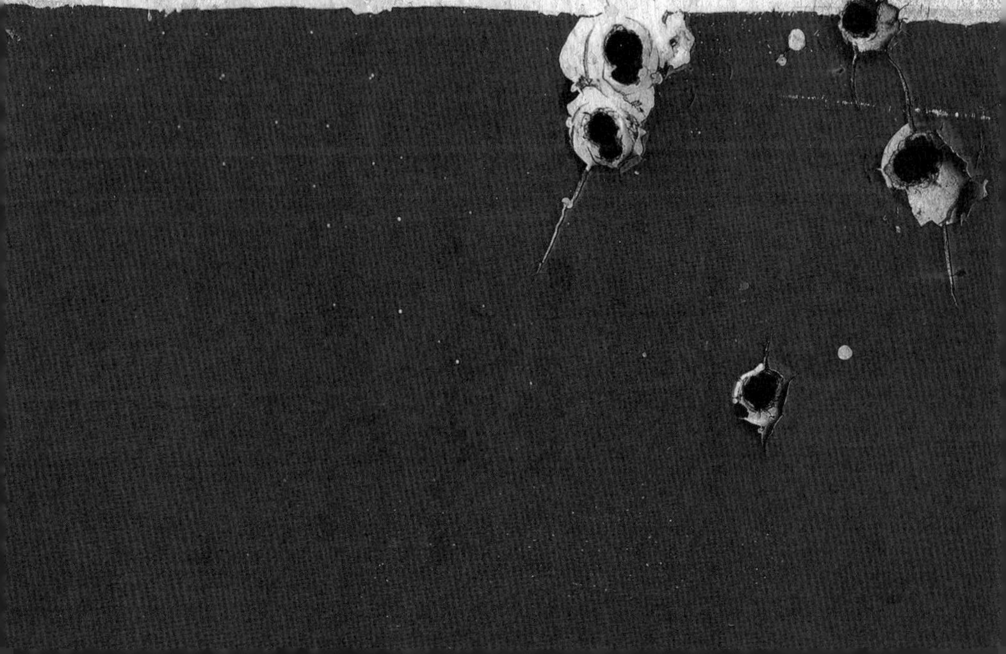

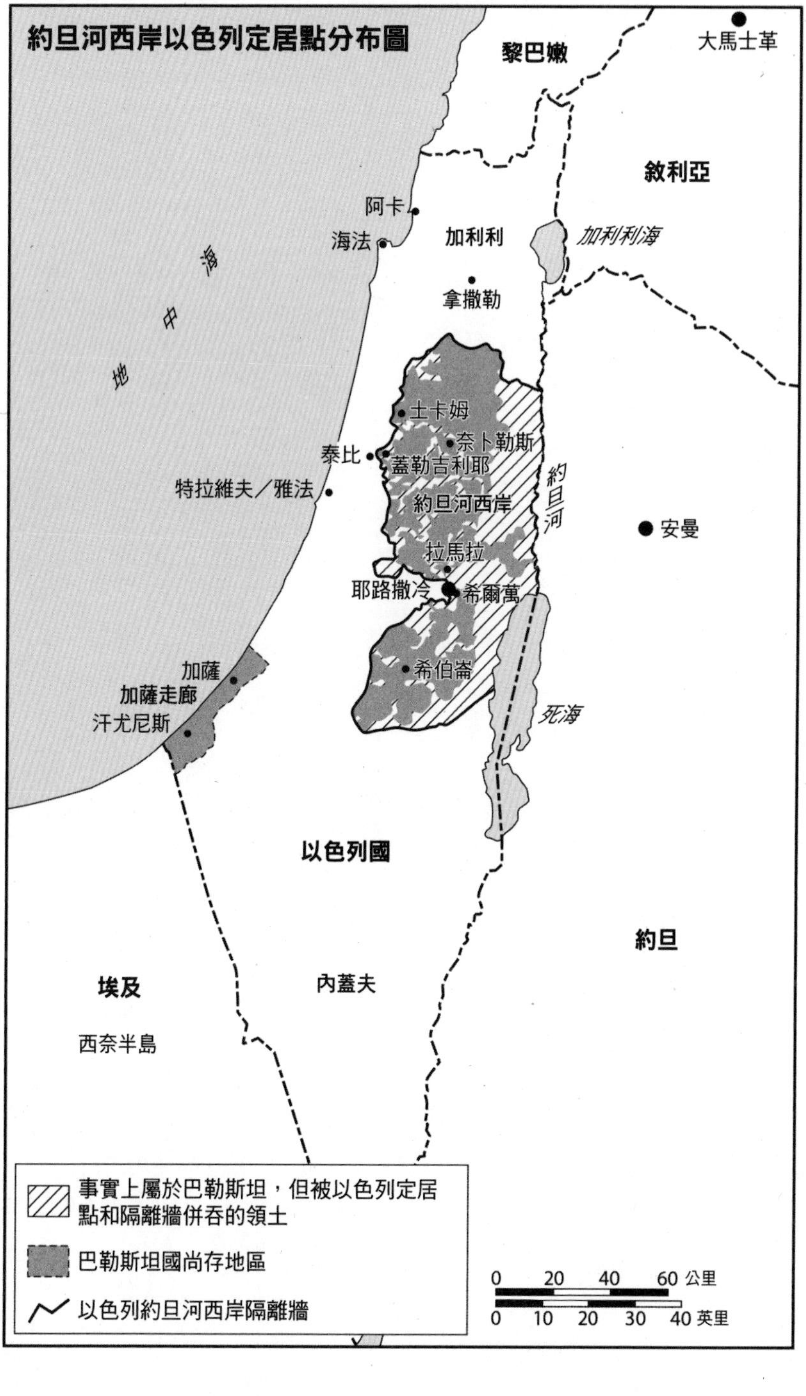
約旦河西岸以色列定居點分布圖
黎巴嫩
大馬士革
敘利亞
阿卡
海法
加利利
加利利海
拿撒勒
地中海
士卡姆
奈卜勒斯
泰比
蓋勒吉利耶
特拉維夫／雅法
約旦河西岸
約旦河
安曼
拉馬拉
耶路撒冷
希爾萬
加薩
加薩走廊
汗尤尼斯
希伯崙
死海
以色列國
約旦
埃及
內蓋夫
西奈半島
事實上屬於巴勒斯坦，但被以色列定居點和隔離牆併吞的領土
巴勒斯坦國尚存地區
以色列約旦河西岸隔離牆
0 20 40 60 公里
0 10 20 30 40 英里

推薦序

以色列神話
——妖魔與神格的解構

張景安

以色列在中東國家中多被視為是較為先進、開放且相對民主的，既對性別多元包容友善，同時與西方多國有良好交往。眾所周知二戰期間猶太人所受的屠殺迫害，亦是人類歷史上所惋惜、不齒的一樁慘案。此類想像與事實在某種程度上來說並非是錯誤的，然在此光鮮亮麗的包裝下，吾人更有必要多加去解析、認識以色列（或其盟友）所形塑出此景象下的事實。在討論中東國家時，多數國人對該區域的資訊來源仍較為局限或片面，所取得的資料也多為西方主流媒體所想要傳達之知識。本書作者帕佩教授（Ilan Pappé）於國際學界中東研究上享負盛名，特別是在巴勒斯坦及以色列研究之產出，獲得多數學者之共鳴與推戴。個人淺見以為，帕佩教授之所以能有如此成就，不僅是因其出生、成長於以色列並任教於西方中東研究名校大學；更重要的是，其不懼外界勢力壓迫，勇敢且正直地以以色列學者的身分，依據歷史事實資料客觀地針對巴勒斯坦及以色列的問題提出精闢之分析與解答。

近年國內媒體報導中，偶而不時會見政治人物或評論提及我國應該要多效仿、學習以色列，因兩國的處境相當，均為小國且與不友善的國家（或政治實體）比鄰而居。每當閱讀此類報導，個人或多或少感到些許訝異或感嘆。訝異的是，提出此類論述的專家是否真的對以色列的建國脈絡、發展過程、政治實踐以及對待巴勒斯坦人民的方式有足夠的瞭解？感嘆的是，若這些專家對以國的歷史脈絡真有深入瞭解，又怎麼會要我們學習以色列呢？若真要比較兩國之處境，除兩國皆為小國且被不友善對手圍繞或鄰居外，然若檢視兩國其他面向，所見乃大相逕庭之對比。舉例而言，從歷史方面來看，我國建國歷程並未持續將原生於所欲建國土地之住民，大規模地以驅逐（例如：巴勒斯坦難民）、侵占（例如：屯墾區）或殘忍不人道（例如：轟炸、虐待等）之途徑對待；在外交方面來說，我國亦未能如以國獲西方強權美國的幾近百分百的政治與軍事支持，也因此不能期待於緊要關頭時獲得如國際強權對以國之奧援；就軍事方面而論，我國已改採四個月針對男性的募兵制，以國則是維持全民皆兵無論男女至少兩年的徵兵制。更重要的是，我國未持有核子武器，且我國與對手乃處於一不對秤實力賽局中相對弱勢的一方；最後，從政治方面觀之，即便兩國皆與不友善的國家或政治實體鄰居，然我國所面對的是世界上第二強大僅次於美國的對手。因此，此類呼籲我國需多效仿以國之論述，實為是在國情基礎上的不對等比擬，或是驅使我國政府及國人邁向道德仁義不健全之路的倡議。試問，難道我們要忽略因一九四八年以色列建國後而產生的上百萬巴勒斯坦難民，以及至今仍未能安身立命、漂泊受屈的巴勒斯坦人們，而去學習這樣途徑下所生成的所謂進步與發展嗎？（在此強調，個人對二戰時納粹屠殺下所受迫害的猶太同胞情事亦未能苟同；然這不應是可合理化日後受迫害民族轉而對其他民族不義之舉的一項說詞。）

許多人針對巴以衝突之認定，仍停滯在這是一場宗教或民族間對峙的說法，即所謂伊斯蘭教與猶太教的對抗，或是阿拉伯人和猶太人的世仇。然處於二十一世紀的我們，應對這類粗淺的宗教、民族致使衝突的論述有所改觀，而須進一步去釐清兩者間衝突之根本脈絡原因。本書某種程度上對於大眾關於以色列的十項普遍不明確的瞭解，但被廣為傳述的「神話」進行了完整的解構及講述。從以國在「應許之地」上建國前該塊區域的情形概況，到日後對於巴以兩方之過度妖魔化或神格化，以及未來雙方間的展望，做出了一系列系統性的解釋。若真的希望能夠對此近八十年的衝突有更深刻的認識，個人在此強烈推薦帕佩教授這本《這才是以色列：揭露歷史謊言和神話底下的以色列》大作，也深信此本書無疑是一本瞭解巴以關係的重要基石。最後，誠摯希望巴以雙方間於不遠所能見的未來達成一個和平的共識，也願該區域百姓除能免去其所背負的莫須有之無妄指謫原罪，亦能不再受不義之舉的迫害。

本文作者為國立政治大學阿拉伯語文學系助理教授

導讀

一位猶太學者的人生體悟

包修平

台灣出版市場已有不少介紹以色列的專書，[1]一般來說，對以色列的描述大致有三種形象：一、以色列蘊藏深厚的宗教、歷史及文化底蘊，如耶路撒冷是三大一神信仰者及旅行者必訪之地。二、以色列是台灣學習的模範，特別是以色列在一九四八年「復國」之後，多次遭到周邊阿拉伯國家的圍剿，但以色列憑藉堅強的生存信念，奇蹟式擊敗阿拉伯聯軍，樹立以小博大的榜樣。三、以色列的科技創新及教育方式經常為台灣菁英們所稱道。然而，商周出版的《這才是以色列：揭露歷史謊言和神話底下的以色列》可謂是顛覆了上述外界所賦予的以色列形象。

作者帕佩（一九五四－　）是個出生在以色列的猶太人，父母親在一九三〇年代為了逃避納粹德國的迫害，移民至在英國當時所管理下的巴勒斯坦。帕佩曾在以色列海法大學任教，現任英國埃克塞特大學（University of Exeter）巴勒斯坦研究歐洲中心（The European Centre for Palestine Studies）的主任。他在二〇一〇年出版的學術自傳《離開體制：在以色列爭取學術自由》（*Out of the Frame: The Struggle For Academic Freedom in Israel*）提及他在二十八歲之前，是以色列堅定的擁護者。他在高中畢業之後，加入以色列國防軍，並在一九七三年以阿戰爭期間，被派駐至以色列控制的戈蘭高地（Golan Heights）監視敘利亞軍隊的動向。然而在帕佩赴英國牛津大學攻讀博士學位後，思想逐漸出現變化，轉為質疑以色列建國的合法性。[2]由於帕佩的立場鮮明，屢遭以色列官方、學界及民間的譴責，被標籤為叛徒或是「自我憎恨」的猶太人（Self-hating Jews）。[3]在面臨龐大壓力下，帕佩在二〇〇七年選擇離開家鄉，到英國任教。[4]

帕佩在以色列歷史學界被稱為「新歷史學者」（New Historians），與之齊名的還有施萊姆（Avi Shlaim，一九四五－　）以及莫里斯（Benny Morris，一九四八－　）。這三位學者在一一九八〇年代，藉由以色列軍事檔案的開放，得以重新檢視一九四八年以色列建國的本質。例如莫里斯發現一九四八年的巴勒斯坦難民問題，並不如傳統以色列官方所說，是因為巴勒斯坦人的自願出走，或是阿拉伯領導人要求巴勒斯坦難民離開家園，實際上是戰爭本身所導致的結果。[5]施萊姆則解構一九四八年以色列與阿拉伯國家戰爭的諸多迷思，其中最令人驚訝的是發現當時外約旦國王曾經在開戰之前，與以色列政府達成口頭協定，密謀瓜分巴勒斯坦土地。[6]

帕佩的代表著作《巴勒斯坦的種族清洗》（*The Ethnic Cleansing of Palestine*），重新建構一九四八年以色列建國的歷史。他根據以色列軍事檔案、以色列領導人日記與書信等一手資料，發現猶太領導者在以色列建國之前，已經制定一套驅離巴勒斯坦人的軍事計畫，並在一九四八年期間執行。最終，猶太軍隊摧毀了五百三十一座巴勒斯坦人的村落，並清空十一座巴勒斯坦人居住的城市，其結果導致近八成的巴勒斯坦人被迫成為難民。[7]

該書出版後，帕佩成為解構以色列建國神話的領航人物。在此之前，英文學界多半傾向接受傳統以色列史學，即猶太復國主義史學（Zionist Historiography，猶太復國主義亦譯為錫安主義）。猶太復國主義史學興起於十九世紀晚期，具備有「以色列之地」（Eretz Israel）及「阿利亞」（Aliyah）兩個基本概念。「以色列之地」係指猶太民族的土地。三千年前，該概念指稱猶太人曾建立一個強大的王國，但在西元七〇年羅馬人強制驅離耶路撒冷的猶太人並摧毀其聖殿後，猶太人展開長達一千多年的離散歷史。[8]對於猶太復國主義者來說，即使猶太民族不在這塊土地上生活，離散的猶太人仍對這塊土地享有主權。如猶太復國主義歷史學家會使用「拜占庭時期下的以色列」、「十字軍東征下的以色列」或是「鄂圖曼時期統治下的以色列」，藉此強調過去一千多年以來，以色列之地的概念持續存在。[9]至於「阿利亞」原本是宗教意涵，係指在耶路撒冷的猶太教徒登上聖殿山崇拜上帝。猶太復國主義歷史學者將阿利亞引申為離散的猶太人移民至以色列之地的行為。[10]

帕佩從小接受猶太復國主義史學觀的洗禮，對於以色列建國歷史與價值堅信不移，但在英國求學期間，逐漸擺脫其意識形態。帕佩在這二十多年來，發表許多挑戰猶太復國主義史學的文章及書籍。[11]他經常在世界各地演說，試圖扭轉大眾對以巴問題的傳統認知。整體來說，帕佩的核心觀點指出當前西方大國主導的「兩國方案」無助於解決以巴問題，真正問題在於猶太復國主義本身，為了建立以猶太為主體的民族國家，以色列政府、學界、媒體、軍方與非政府組織建構了一套「巴勒斯坦恐怖主義」的論述，讓歐美社會對巴勒斯坦人的整體認知受到影響。帕佩認為這種認知並無助於促成以巴之間的和解。[12]另一方面，帕佩建議世人應跳脫現實主義的角度，以人道立場重新檢視以巴問題，例如將以色列視為「屯墾殖民者國家」（Settler colonialist state，本書譯為「定居殖民主義國家」），而巴勒斯坦人則是從事

「反殖民鬥爭」（anti-colonialist struggle）。[13]

帕佩表示既然以色列是個屯墾殖民者國家，兩國方案已經無法替以巴雙方帶來真正的公義與和平，因此去殖民化（decolonization）是唯一解決以巴衝突的辦法。[14]至於如何達成去殖民化目標，他建議以色列政府必須承認一九四八年期間對巴勒斯坦人犯下的種族清洗罪行，同時要真誠處理占領區內的猶太屯墾區、巴勒斯坦難民返鄉權，以及以色列境內與占領區內巴勒斯坦人爭取對等權益等核心議題。[15]對於帕佩來說，一國方案是去殖民化的最終展現。換句話說，在一個世俗民族國家的框架之下，猶太人與巴勒斯坦人享有對等權利，不再有種族隔離的問題。[16]帕佩強調一國方案是建立一個雙民族國家，兩個民族（指猶太人與巴勒斯坦人）擺脫種族中心主義思維，重新解釋歷史並且擁抱受害者不再受到結構性的傷害。[17]

《這才是以色列：揭露歷史謊言和神話底下的以色列》可說是帕佩對以巴問題的研究精髓。該書引用嚴謹的學術著作，破除大眾對於以色列的十種迷思，例如書中提及巴勒斯坦是無主之地嗎？猶太人真的在西元一世紀時離開家園嗎？猶太復國主義與猶太教之間的關係為何？以色列是中東唯一的民主國家嗎？兩國方案真能解決以巴問題？也許帕佩在書中的觀點讓不少人感到驚世駭俗，或者他提出以巴和解的理念又過於異想天開，不過若能仔細研讀書中的內容，並檢視其引用的文獻資料，或許下次新聞報導「以巴衝突」時，讀者對以色列及巴勒斯坦兩方會有不同的思考模式。

本文作者為英國埃克塞特大學巴勒斯坦研究博士、國立暨南國際大學歷史系助理教授，開設世界史、現代中東歷史及現代巴勒斯坦歷史等課程

注釋

1 「二〇一八寒假閱讀節：閱讀神之國以色列」書展書單，https://www-ws.gov.taipei/001/Upload/430/relfile/37525/7570154/91a8ee71-2e65-4d7f-b17f-f8e88cffd9e7.pdf。

2 Ilan Pappé, *Out of the Frame: The Struggle for Academic Freedom in Israel* (New York: Pluto Press, 2010), pp. 13-16.

3 Blair Kuntz, "A Threat From Within: A Century of Jewish Opposition to Zionism," *MELA Notes*, No. 80 (2007), p. 78.

4 Ilan Pappé, *Out of the Frame: The Struggle for Academic Freedom in Israel*, pp. 162-163.

5 Benny Morris, *The Brirth of the Palestinian Refugee Problem Revisited* (Cambridge: Cambridge University Press, 2004), pp. 1-7.

6 Avi Shlaim, *Collusion Across the Jordan: King Abdullah, the Zionist Movement and the Partition of Palestine* (New York: Columbia University Press, 1988), pp. 1-2.

7 Ilan Pappé, *The Ethnic Cleansing of Palestine* (Oxford: Oneworld, 2006), p. xiii.

8 Nur Masalha, *Palestine: A Four Thousand Year History* (London: Zed Books, 2018), p. 6.

9 Baruch Kimmerling, "Academic history caught in the cross-fire: The case of Israeli-Jewish Historiography," *History and Memory*, Vol. 7, No.1 (Spring-Summer, 1995), p. 48.

10 Baruch Kimmerling, "Academic history caught in the cross-fire: The case of Israeli-Jewish Historiography," *History and Memory*, Vol. 7, No. 1 (Spring-Summer, 1995), pp. 48-49.

11 帕佩的學術成果請見 https://socialsciences.exeter.ac.uk/iais/staff/pappe/。

12 Ilan Pappé, "Deterrorising the Palestinian national struggle: the roadmap to peace," *Critical Studies on Terrorism*, 2(2), (2009), pp. 127-146.

13 帕佩將以色列視為「屯墾殖民者國家」的論述請參見 Ilan Pappé, *Israel* (London: Routledge, 2018) pp. 9-13；Ilan Pappé, *The Biggest Prison on Earth: A History of the Occupied Territories* (London: Oneworld publications, 2017), pp. 1-8；Ilan Pappé (ed.), *Israel and South Africa: The Many Faces of Apartheid* (London: Zed Books, 2015), pp. 1-20；Ilan Pappé, *The Idea of Israel: A History of Power and Knowledge* (London: Verso, 2014), pp. 1-13；Mustafa Abu Sneineh, "Interview: Ilan Pappé: How Israel turned Palestine into the biggest prison on earth," *Middle East Eye*, 24 November 2017, https://www.middleeasteye.net/news/interview-ilan-pappe-how-israel-turned-palestine-biggest-prison-earth。

14 Ilan Pappé, "Revisiting 1967: The False Paradigm of Peace, Partition and Parity," *Settler Colonial Studies*, 3(3-4), 2013, p. 350.

15 Ilan Pappé, "One-State Palestine: Past, Present and Future," p. 430; Ilan Pappé, "The State of Denial: The Nakba in the Israeli Zionist Landscape," in Antony Loewenstein and Ahmad Moor (ed.), *After Zionism: One State for Israel and Palestine* (London: Saqi Books, 2012), p. 50; Ilan Pappé, "One-State Palestine: Past, Present and Future," in Ilan Pappé and Jamil Hilal (ed.), *Across the Wall: Narratives of Israeli-Palestinian History* (London: I.B. Tauris, 2010), p. 430.

16 Omar Barghouti, "A Secular Democratic State in Historical Palestine: Self-Determination through Ethical Decolonisation," in Antony Loewenstein and Ahmad Moor (ed.), *After Zionism: One State for Israel and Palestine*, p. 244.

17 原文為「with the reconstruction of the past along non-ethnocentric, polyphonic lines and would embrace the suffering of those who have been victimised by the structures of evils in the land」，請參見 Ilan Pappé, "One-State Palestine: Past, Present and Future," in Ilan Pappé and Jamil Hilal (ed.), *Across the Wall: Narratives of Israeli-Palestinian History*, p. 434。

CONTENTS

CONTENTS

第二部　當今謬誤

CONTENTS

前言

歷史存在於每一場衝突的核心之中。對過往存有真實而無偏誤的理解，方能使和平成為可能。相反地，對史實的竄改或操縱，則僅會播下災難的種子。以色列與巴勒斯坦衝突的事例便顯示了，對歷史——即便是最近代的歷史——的謠傳，會造成莫大的傷害。如此這般對歷史的蓄意誤解會助長壓迫，並包庇殖民政權及其體制性的占領行為。因此，宣傳假消息和扭曲事實的種種政策能存續至今，並在衝突的延續之中扮演重要的角色，更抹煞人們對未來的盼望，這一點都不讓人意外。

關於以色列和巴勒斯坦的過去與現在，種種被建構出來的謬論阻擋著我們去理解衝突的起源。與此同時，對於相關事實真相一直以來的操控，更是不利於持續至今的流血暴力事件的受害者。該當如何呢？

說到這片爭議叢生的土地是如何成為以色列國的，錫安主義者（Zionist）[1]的歷史敘事奠基於一團迷思與神話之上，而這些迷思也巧妙地質疑巴勒斯坦人對這片土地的所有權。西方主流媒體和政治菁英經常視這些迷思為確鑿真相而照單全收，也以之為以色列過去七十餘年的種種行動辯護。對這些迷思的默認，也往往能解釋西方諸國政府為何不願以任何有意義的方式，去干預這場從以色列建國以來便持續發生的衝突。

本書意在挑戰這些在公眾領域中被視為不爭事實的迷思。在我看來，這些說法都是在扭曲事實和編造謊言，並都能夠——且必須——藉由對史實更進一步的檢驗而一一駁斥。本書全文上下都將常見的臆測和史實並陳。透過將迷思和事實並陳，每個章節都經由對最新歷史研究的考察去暴露某項普遍看法的弱點。

本書囊括了十項基礎性的迷思和神話（或可稱為十叢謎團），而對任何以各種管道接觸過以色列與巴勒斯坦問題的人來說，這些迷思與神話都是常見而不陌生的。種種迷思和其反駁論述都將以時間先後排序。

第一章以十九世紀晚期錫安主義登陸之夕為背景描繪出巴勒斯坦的地景。在本章探討的迷思中，巴勒斯坦被描繪成空蕩、乾旱而幾似荒漠般的一片土地，由乍到的錫安主義者墾耕。對其反駁的論點則顯示一個早已存在的繁榮社會，現代化與國族化的進程正在快速發生。

「巴勒斯坦為無人之地」的迷思與「猶太人為無土之族」這項著名的迷思相關，而這正是第二章的主題。猶太人是否真的是巴勒斯坦原初的居民，而每一種可以讓他們「回歸」到「家園」的手段都理應被支持嗎？這項迷思堅稱，在一八八二年到來的猶太人都是約西元七〇年時被羅馬人驅逐之猶太人的後裔。其反方論點則對這種基因譜系的連結抱持懷疑。一項相當有力的學術研究成果顯示，在羅馬時期居住於巴勒斯坦的猶太人其實逗留在當地，首先改信基督宗教，而後皈依伊斯蘭。這些猶太人究竟是誰仍是一個未解之謎——或許是九世紀時皈依猶太教的哈札爾人（Khazars）；又或許，這些猶太人千年以來雜糅了各種種族血脈，因而一直將此一哉問的任何解答拒於門外。更重要的是，我在該章主張，在錫安主義前的時期，世界上各猶太社群和巴勒斯坦之間的連結是基於宗教與精神的，而非關政治。在錫安主義成形前，將猶太人的回歸與國家的建立相連結的任務，在十六世紀之前泛屬於基督宗教信徒，十六世紀後則特屬於新教徒（Protestant），尤其是英國國教（Anglican）。

第三章仔細檢驗將錫安主義與猶太教等同視之的迷思（因為如此一來，反錫安主義便只能被描述為反猶太主義〔anti-Semitism〕）。我根據史實評斷猶太人對錫安主義的態度，並分析錫安主義者如何藉由對猶太教的操控來達到殖民與其後的戰略目的，試著以此駁斥這樣的恆等式。

第四章處理了殖民主義和錫安主義兩不相關的宣稱。這項迷思如下：錫安主義是一波自由派的國家解放運動，而其駁論則將其放置在殖民主義的框架之中，錫安主義因而在實際上是一項定居殖民計畫，與我們在南非、美洲和澳洲所見相似。這項駁斥論據的重要性，在於它反映了我們該如何思考巴勒斯坦人對錫安主義及日後以色列的抵抗。如果以色列是個民主政權，而且只是在自我防衛，那諸如巴勒斯坦解放組織（Palestine Liberation Organization）[2]的各巴勒斯坦相關組織則純然為恐怖組織。然而，若巴勒斯坦各組織是在抵抗一項殖民計畫，它們便屬於反殖民主義運動，而它們的國際形象也會迥異於以色列及其支持者強加於世界輿論上的形象。

第五章重新探究與一九四八那年相關的各種熟悉神話，其目標特別在於提醒讀者：巴勒斯坦人自願撤離的這項宣稱，為何已經成功地被專業史學研究揭穿。與一九四八年發生的各個事件相關的迷思，也會在該章討論。

最後一個與歷史相關的章節，則質疑以色列是否被迫參與一九六七年的戰爭，因為除了參戰，以色列「別無選擇」。以色列在一九四八年的戰爭中幾乎完全接管巴勒斯坦，而一九六七年的戰爭則是以色列這項野望的一部分。自一九四八年，直至埃及在一九六七年六月一個草率決定所導致的歷史性機會之前，以色列就一直在盤算如何占領約旦河西岸和加薩走廊。我進一步主張，以色列在占領之後立即頒布的政策，證明了它早已預期戰爭的發生，而非意外踉蹌落入其中。

第七章帶領我們進入現代。我將提問，以色列是一個民主國家，還是一個非民主的政體？我檢視巴勒斯坦人在以色列及占領區內（總計占以色列統治人口近半數）的處境，為「以色列是個非民主政體」的回答提供了充足的理由。

第八章處理奧斯陸進程相關的問題。在簽訂《奧斯陸協議》（Oslo Accord）[3]將近四分之一世紀後，我們對此一進程的相關謬誤得到了透徹的觀點，並得以提問：它是否為一份失敗的和平協議，抑或是一個成功深化以色列占領的手段。

而今，相似的分析視角也能套用在加薩走廊，以及「加薩人民的苦難，肇因於哈瑪斯（Hamas）的恐怖主義本質」這項仍被廣為接受的迷思。在第九章中，我選擇持不同看法，以另一種角度去解讀加薩自上世紀的轉折點以來發生了什麼事。

最後，我在第十章中質疑「兩國方案是前進的唯一路徑」的迷思。諸多優秀的運動論述和學術成果都對這個方案詳加評論，並提供替代解方，造福了我們。這些論述強力挑戰了最後這項迷思。

本書亦包含大事記時間軸，幫助讀者理解書中各個論點的脈絡。

我希望，無論讀者是新接觸這個領域，抑或已是資深的研究者，本書都能成為有用的工具。本書的主要讀者，是任何有意討論以色列與巴勒斯坦這個不朽議題的人。這並不是一本立場中立的書，而是要代表那些在以色列和巴勒斯坦的土地上遭到殖民、占領而被壓迫的巴勒斯坦人，去匀平權力失衡的天秤。若錫安主義的倡議者或忠實支持者願意接觸相關辯題，將會是莫大的助益。畢竟，這本書是由一個以色列猶太人寫就，對於其自己身處的社會和巴勒斯坦社會，他同等在乎。去駁斥各種維持社會不義的神話，應當有利於生活或希望生活在這個國家的每個人。這也奠定了一個出發點，讓所有的居民都能享受到目前只有單一優勢群體能夠觸及的偉大成就。

此外，對於認為與巴勒斯坦有關的知識和自己的使命感等同重要的社會運動份子，本書也希望成為他們的有用工具。本書並不能取代許多學者多年以來了不起的成就，而是提供了進入該知識世界的出發點；這些學者的貢獻，也讓這樣的一本書成為可能。

在我們的時代，學術界存在著巨大的不安氛圍：使命感會摧毀學術研究的品質。如果學生和學者可以擺脫這種不安情緒，便能好好利用這本書。我曾有幸教學和指導過的最優秀大學生和研究生，都是全心奉獻之人。本書僅作為一份給未來學者的邀請函，讓他們離開象牙塔，重新和他們研究的社會連結——無論他們寫作的主題是全球暖化、貧窮議題或是巴勒斯坦，都應該要驕傲地在學術的衣袖上再別上一顆奉獻心。而若他們身處的大學機構還沒準備好，這些學者也應該要能夠精明地在這些有爭議的議題上玩一場「毫無偏頗且客觀的學術研究」的遊戲，並坦然承認這層偽裝的存在。

對大眾而言，本書呈現了一個通常看起來極度複雜（某些部分也確實如此）主題的簡明版本；然而，這個主題其實是能夠被簡單闡釋，並連結到關乎正義和人權的普世觀點之上的。

最後，我希望本書能釐清過去與現今以色列與巴勒斯坦問題核心之中一些深層的誤解。要是這些失真的觀點和口耳相傳的臆測再不被質疑，它們便會繼續為當今巴勒斯坦土地上的不人道政權提供一個免死盾牌。以最新的研究去驗證這些假定，我們方能看到它們離史實有多遠，也才能看到為何揭露歷史記載，可以影響以色列和巴勒斯坦和平與和解的機會。

第一部　昔時謬誤

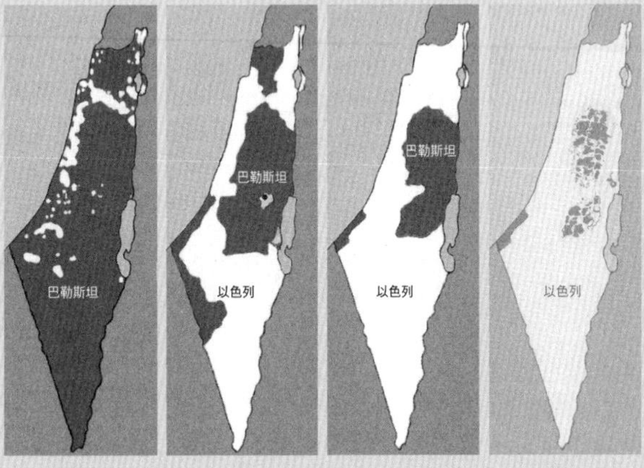

1947　　1947 聯名國分治方案　　1949-1967　　今日

第一章 巴勒斯坦為無人之地

如今在地緣政治學上所稱的以色列或巴勒斯坦此一區域，從羅馬時期開始就已經是個被承認的國家。它在遠古時期的地位和狀況，便成為了相信「諸如《聖經》之類的資料來源並沒有歷史價值」和認為「聖書即是歷史記載」兩班人馬之間熱議的話題。本書的後幾章，將討論該地區在前羅馬時期歷史的重要性。不過，學者似乎一致同意是羅馬人給予了這片土地「Palestina」（巴勒斯提納）之名，而此一古稱也早於所有其他把這片土地稱做 Palestine（巴勒斯坦）的類似稱呼。在羅馬帝國及其後的拜占庭帝國統治時期，巴勒斯坦都是大帝國下的一個行省，而其禍福也與羅馬及其後君士坦丁堡的命數緊繫。

自七世紀中期以降，巴勒斯坦的歷史便和阿拉伯與穆斯林世界有著密切的關連（然在中世紀被讓渡給十字軍時曾短暫間斷）。該地北東南三方的許多穆斯林帝國和王朝都渴望能將其控制，因為在穆斯林的信仰中，它是僅次於麥加與麥地納的聖地所在之處。當然，其肥沃的土地和戰略位置，也讓巴勒斯坦有著其他引人之處。雖然當地考古學界的優先重點總是羅馬和猶太教遺跡，因而馬穆魯克（Mamelukes）和塞爾柱這些豐富而繁華的中古伊斯蘭王朝的輝煌過往都仍待發掘，但其部分過往統治者的豐富文化，仍可見於以色列和巴勒斯坦的部分地區。

若欲瞭解當代以色列和巴勒斯坦，更至關重要的時期非鄂圖曼時期莫屬。鄂圖曼帝國於一五一七年占領該地，停留了四百年，時至今日仍能在各個層面感受到它的遺產。以色列的司法系統、宗教法庭紀錄（sijjil）、土地登記制度（tapu）和一些建築瑰寶，都歷歷證明著鄂圖曼人當時存在的重要性。鄂圖曼人抵達之時，他們見到的是一個幾乎全由遜尼派（Sunni）穆斯林組成的農村社會，但也有一小部分說阿拉伯語的城市菁英。當時猶太教徒的人口數小於百分之五，而基督徒可能占百分之十到十五。孟德勒（Yonatan Mendel）如此表示：

在錫安主義興起之前，精確的猶太人口占比是未知的。不過，可能介於百分之二到五之間。根據鄂圖曼時期的記載，一八七八年居住在現今以色列／巴勒斯坦境內的總人口數為四十六萬兩千四百六十五人。其中四十萬三千七百九十五人（百分之八十七）為穆斯林、四萬三千六百五十九人（百分之十）為基督徒，而一萬五千零十一人（百分之三）為猶太教徒。[1]

當時，世界上的猶太社群將巴勒斯坦視為《聖經》中的聖地。在猶太教裡，朝聖行為的地位並不如基督宗教和伊斯蘭中重要，不過，部分猶太人仍將其視為義務，亦有少數人以朝聖為由造訪巴勒斯坦。但如同另一章將闡述的一般，在錫安主義出現之前，主要是基督教徒因為教會的理由，而希望把猶太人長期安頓在巴勒斯坦。

以色列的官方敘事

若瀏覽以色列外交部官方網站對十六世紀以降巴勒斯坦的描述，你會無從得知這便是鄂圖曼四百年治下的巴勒斯坦：

一五一七年鄂圖曼征服後，這片土地被分為四個區畫，行政上歸於大馬士革，由伊斯坦堡統治。鄂圖曼時期初始，約有一千個猶太家庭居住在這個地區，主要在耶路撒冷、奈卜勒斯（Nablus，亦稱示劍〔Schechem〕）、希伯崙（Hebron）、加薩、采法特（Safed 或 Tzfat）和加利利（Galilee）地區各村莊。此社群由世代居住在這片土地上的猶太人後裔組成，亦有來自北非和歐洲的移民。

在蘇丹蘇萊曼大帝（Suleiman the magnificent）於一五六六年逝世前，有條不紊的政府帶動了發展，也刺激了猶太人的移民。一些新移民在耶路撒冷安頓下來，但大部分人前往采法特，而當地猶太人口數在十六世紀中達到約莫一萬人，該城鎮也成為繁榮的紡織業中心。[2]

似乎，十六世紀巴勒斯坦的主要居民是猶太人，而此區域的商業命脈也集中在城鎮的猶太社群。後來又怎麼了？根據外交部網站所稱：

> 鄂圖曼政府的治理品質逐漸下滑，讓這個地區大抵疏於照管。截至十八世紀末，這片土地大部分由不住在當地的地主所有，租給貧困的佃農；稅收制度朝令夕改，已然癱瘓。加利利地區和加密山（Carmel）山區的大片森林禿頂；樹

沼和沙漠侵蝕了耕地。

在這樣的敘事中，截至一八〇〇年，巴勒斯坦已然成為一片荒漠，來自異地的農夫莫名所以地在不屬於他們的乾枯土地上耕種著。同一片土地也似乎像是一座有著可觀猶太人口的孤島，由外地的鄂圖曼人統治，受苦於帝國政府密集的墾伐計畫，土力也因而枯竭。年以繼年，這片土地更趨貧脊、森林濫伐，而耕地也變成沙漠。這種編造出來的形象堪稱空前絕後，卻在一個官方網站上廣被宣傳。

極為諷刺的是，在編纂這樣的敘事時，作者並未參考以色列的學術研究。大多數的以色列學者若要接受這些主張的效力，或是為這種敘事背書，都會大感猶豫。一些學者，諸如格洛斯曼（David Grossman，人口統計學家，而非同名同姓的著名作家）、寇恩（Amnon Cohen）和本—阿里耶（Yehoushua Ben-Arieh），都已成功挑戰了這種敘事。他們的研究顯示，數世紀以來，巴勒斯坦都不是一片荒漠，而是個繁榮的阿拉伯社會——主要人口是穆斯林，大致由農村組成，但也有繁華的城鎮中心。

儘管官方敘事引起論戰，卻仍被一些較不知名、但對教育系統有更大影響力的學者提供，並透過以色列的教育課綱和媒體資源加以傳播。[3]在以色列之外（特別是美國），「應許之地在錫安主義到來之前杳無人跡、荒涼貧脊」的這等假說不僅存在，而且十分活躍，因而也特別值得注意。

鄂圖曼帝國時期巴勒斯坦民族主義的發展

我們得先查驗真相。反面的歷史敘事披露了一個截然不同的故事，其中鄂圖曼時期的巴勒斯坦，和周圍其他的阿拉伯社會並無二致。總體而言，它和地中海東岸諸地區並無區別。作為鄂圖曼帝國遼闊幅員的一部分，巴勒斯坦的人民能十分輕易地與其他文化互動，而非被環繞且孤立。再者，巴勒斯坦總是對社會變遷和現代化抱持開放態度，在錫安主義運動到來良久之前，早已開始如同一個民族國家一般地發展。在如歐瑪爾（Daher al-Umar，一六九〇—一七七五）等積極的地方統治者手中，海法（Haifa）、謝法阿姆（Shefamr）、太比里亞斯（Tiberias）和阿克雷（Acre）等城鎮不僅更新而且復甦。沿岸的港口和城鎮網絡也因其和歐洲的貿易連結而大為繁盛，同時，內部平原區則和鄰近地區進行內陸貿易。和荒漠恰恰相反，巴勒斯坦曾是當時閃姆地區（Bilad al-Sham，意為「北部地區」，或稱黎凡特地區〔Levant〕）繁榮的一部分。同時，在錫安主義者到來前夕，豐饒的農業、小城鎮群和各歷史古都，也早已供養著五十萬人口。[4]

十九世紀末，這樣的人口數可謂相當可觀，而如上所述，其中只有一小部分是猶太教徒。值得注意的是，當時這群人相當抗拒錫安主義運動所宣傳的想法。大多數巴勒斯坦人居住在鄉間的約莫一千個村莊裡；同時，正興起的城鎮菁英階層則在海岸地區、內陸平原和山區定居。

對於當地居民在錫安主義者到來並殖民該地前夕的自我界定，我們現在已經有了更深入的瞭解。無異於中東與世界其他地區，巴勒斯坦社會當時初識了在十九和二十世紀最具影響力和時代特色的概念：民族國家。如同在世上其他地區所發生的一般，當地內外的政治動態，引起了這種自我認同的新模式。民族主義的概念之所以進入中東，部分是由十九世紀初期到來的美國傳教士所引入，他們不但希望能宣教，也盼望能宣傳民族自決此一新奇的概念。身為美國人，他們覺得自己不僅代表基督宗教，也代表全球版圖上最新的獨立國家。受過教育的巴勒斯坦菁英份子，加入了阿拉伯世界的有志一同者，融會貫通這些概念，並構思了一派原創的民族主義學說，這領導了他們在鄂圖曼帝國麾下要求更多自治權，最終訴求獨立。

在十九世紀中期至晚期之間，鄂圖曼帝國內部的知識份子和政治菁英，採用了浪漫的民族主義思想，將鄂圖曼主義（Ottomanism）和土耳其民族認同（Turkishness）畫上等號。此一潮流使得伊斯坦堡的非土耳其臣民（大部分是阿拉伯人）被排除於鄂圖曼帝國之外。十九世紀下旬，土耳其國族化的進程伴隨著世俗化的潮流，削弱了伊斯坦堡作為宗教權威和中心的重要性。

在阿拉伯世界裡，世俗化亦是國族化過程的一部分。不出意外地，那些熱情擁抱基於共享領土、語言、歷史和文化的世俗國族認同概念的人，主要是諸如基督徒的少數族群。在巴勒斯坦，參與民族主義潮流的基督徒，在穆斯林菁英階層中找到了熱衷此道的同盟，使得在第一次世界大戰結束前，巴勒斯坦全境的穆斯林與基督徒混合社群如雨後春筍般冒出。在阿拉伯世界各地，猶太人也加入了此類吸納不同宗教運動份子的同盟。要不是錫安主義運動要求當地固有的猶太社群保持完全忠誠，同樣的情況在巴勒斯坦也會發生。

在諸如穆斯里（Muhammad Muslih）和哈里迪（Rashid Khalidi）等巴勒斯坦史學家的著作中，我們可以詳細而全面地看到，巴勒斯坦民族主義在錫安主義到來之前是如何興起的。[5]他們清楚地闡釋了，在一八八二年之前，巴勒斯坦社會的菁英或非菁英階層，都參與了民族運動和國族情感的發展。哈里迪也特別闡述，愛國情操、在地忠誠、泛阿拉伯主義（Arabism）、宗教情感和更高程度的教育和識字率，都是新一波民族主義的主要元素，而唯有在一八八二年後，對錫安主義的抵抗，才在巴勒斯坦民族主義的定調之中，扮演了一個額外的重要角色。

巴勒斯坦成為文化、地理、政治實體

如同其他學者，哈里迪解釋了，在一九一七年英國承諾猶太人建立民族家園而使錫安主義在巴勒斯坦取得進展之前，現代化、鄂圖曼帝國的殞落，以及歐洲政權對中東土地的貪婪掠奪，是如何促成巴勒斯坦民族主義的凝聚。這種新的自我界定最清晰的形式之一，當是該地區以「巴勒斯坦」之名成為了一個地理和文化的實體，而後也成為一個政治實體。雖然還不是「巴勒斯坦國」，但巴勒斯坦的文化定位已然相當明確。一種統一的歸屬感已然成形。在二十世紀最初期，《菲拉斯汀》（*Filastin*）報刊之名，[6]便反映了當地人民是如何稱呼他們身處的地區。[7]巴勒斯坦人說著自己的方言，有自己的風俗習慣，並居住在一個在世界地圖上顯示為巴勒斯坦的地區。

十九世紀時，隨著鄂圖曼帝國首都伊斯坦堡發動的行政改革，巴勒斯坦就像其鄰近區域一般，更清楚地被定義為一個地理單位。因此，巴勒斯坦本地菁英階層開始在統一的敘利亞國——或甚至是更為大一統的阿拉伯公國（類似美利堅合眾國）——中尋求獨立。這種在阿拉伯語裡稱做 qawmiya 的泛阿拉伯民族主義運動，在巴勒斯坦及阿拉伯世界其餘地區都很盛行。

在著名（其實是臭名）的《賽克斯—皮科協定》（Sykes-Picot Agreement）於一九一六年由英國和法國簽訂之後，此二殖民強權將這個地區分割成數個新的民族國家。在這個區域被分割後，新的情緒也隨之興起：一種更在地化的民族主義，在阿拉伯語裡稱做 wataniyya。因此，巴勒斯坦開始將自身視為一個獨立的阿拉伯國家。若不是錫安主義叩門，巴勒斯坦應該會和黎巴嫩、約旦或敘利亞走上相同的路線，擁抱現代化和國家茁壯的進程。[8] 由於鄂圖曼帝國十九世紀晚期的政策，這段進程實際上早在一九一六年便已開展。一八七二年，伊斯坦堡政府在耶路撒冷設立了桑札克（Sanjak，一種省分行政區畫），便在巴勒斯坦創建了一個完整的地理政治空間。

伊斯坦堡政權一度想過增幅這個桑札克的可能性，其幅員包括現今所知的巴勒斯坦大部分區域，也包含奈卜勒斯和阿克雷次省分。若鄂圖曼政府如此定調，便能創造一個地理單位，也能讓一種更特定且專一的民族主義浪潮更早興起，如同埃及所發生的。[9]

然而，就算巴勒斯坦被北方（由貝魯特管理）和南方（由耶路撒冷管理）的行政區畫所分割，這樣的轉變也已然將它從原本的次要地位提升為一個整體，而不再是像從前那般被畫分成更小的區域性次省分。一九一八年，也就是英國統治開始之時，巴勒斯坦北部和南部的區畫從而被統合為一個單位。同年，英國以類似的方式整合了摩蘇爾（Mosul）、巴格達和巴斯拉（Basra）三個鄂圖曼帝國下的省分，成為一個現代民族國家，也創建了當代伊拉克的基礎。與伊拉克不同的是，在巴勒斯坦，部族的連結和地理的疆界（北邊的利塔尼河〔River Litani〕、東邊的約旦河〔River Jordan〕和西邊的地中海）共同將南貝魯特、奈卜勒斯和耶路撒冷三個次省融合為一個社會文化的單元。這個地理政治區域有著自己的主要方言，以及自己的習俗、風土民情和傳統。

所以，一九一八年時的巴勒斯坦，已比鄂圖曼時期更加統合，但進一步的變化即將發生。一九二三年，在等待巴勒斯坦地位受到國際最終批准之時，英國政府重新協商了該地的邊界，並創造了更為清楚畫定的地理空間，成為當地民族主義運動奮鬥的目標，也為該地居民創造了更清晰的歸屬感。至此，巴勒斯坦的定義已然明瞭；仍未釐清的是，這片土地究竟屬於誰：是原居的巴勒斯坦人，還是初來乍到的猶太移民？如此行政體制最終帶來的諷刺是，邊境的重畫幫助了錫安主義運動在地理上概念化「以色列之地」（Eretz Israel），而僅有猶太人有權擁有這片土地及其資源。[10]

因此，巴勒斯坦昔時並非無人之地。該地曾是豐饒的地中海東岸世界的一部分，也在十九世紀經歷了現代化和國族化的過程。巴勒斯坦不是一片等著繁花盛放的沙漠之地，而早已是一片田園，正等著以現代社會之姿進入二十世紀，也經歷著如此轉變帶來的種種利弊。對大多數原居者而言，錫安主義運動的殖民扭轉了這項進程，從而變成一場災難。

第二章　猶太人為無土之族

上一章探討的主張為「巴勒斯坦為無人之地」，這與「猶太人為無土之族」此一主張有密切的關連。

但是，猶太屯墾者都屬於同一支民族嗎？最新的學術研究，重提了多年前就已被提出的質疑。桑德（Shlomo Sand）的《猶太民族的發明》（*The Invention of the Jewish People*），便為此種批判性觀點所共有的主題，提供了最好的概論。[1] 桑德闡述，基督宗教世界為了自身的利益，在當代史上一個特定的時間點支持了猶太人是一支民族，且有朝一日必得返回聖地。基於此等理由，猶太人的回歸，是世界末日聖蹟的一部分，與其並列的，還有死者的復生以及彌賽亞的二次降臨。

反猶太主義與猶太人重返家園之間的關聯

十六世紀以來，宗教改革帶來的神學與教派流變，在千禧年的末日概念、猶太人的皈依和回歸至巴勒斯坦三者之間創造了清楚的連結。十六世紀的英國教士布萊曼（Thomas Brightman）便描繪了這三種概念，並寫道：「他們是否應當重返耶路撒冷？不能更確切了：先知四處踏訪，以求確認，以求解答。」[2] 布萊曼不只希望神的啟示會實現，他也像許多的後人一般，盼望猶太人要不就改信基督宗教，要不就全部離開歐洲。百年之後，德國神學家暨自然哲學家歐登堡（Henry Oldernburg）寫道：「臨在世間人事所可能發生的種種變動之中，若那良機降，（猶太人）甚至可能重新建立帝國，而且……上帝可能再度擇選他們。」[3] 奧匈時期的陸軍元帥利涅親王查爾斯—約瑟夫（Charles-Joseph of Lign）在十八世紀下旬說道：

> 我堅信猶太人是無法被同化的，無論身在何處，始終會在國家裡再創建一個國家。以我看來，最簡單的解方，就是把他們送回驅離他們的家園之地。[4]

這句話可以明顯看出，讓錫安主義成形的概念，和長久以來的反猶太主義有著明顯的連結。法國名作家暨政治家德．夏多布里昂（François-René de Chateaubriand）大約在同時寫道，猶太人是「猶大（Judea）之地名正言順的主人」。他的話影響了拿破崙（Napoleon Bonaparte）。十九世紀初期，拿破崙試圖占領中東，因而希望引出巴勒斯坦猶太社群以及當地其他居民的幫助。拿破崙承諾他們將會「回歸巴勒斯坦」，並得以創建一個國家。[5]因此，可以見得，錫安主義在變成猶太教的殖民計畫之前，其實是一項基於基督宗教的殖民計畫。

英國的政治利益與宗教熱忱

那麼，這些看似屬於宗教和神話的信仰，是如何轉而成為一個真實的殖民奪地計畫？種種預兆跡象，最早可見於一八二〇年代維多利亞時期的英國。一波強大神學與帝國主義運動的出現，使得「讓猶太人回歸至巴勒斯坦」，成為英國接管巴勒斯坦並將其轉為基督教政體的戰略核心。十九世紀，這樣的情緒在英國變得更為盛行，也影響了帝國官方的政策：「巴勒斯坦的土壤……只等待著它被驅逐的孩子和工業的降臨，同時要提升農業產能，方能再次達到全體繁榮，如同它從前在所羅門（Solomon）麾下一般。」[6]蘇格蘭貴族暨軍事指揮官林賽（John Lindsay）如此寫下。這種觀點得到英格蘭哲學家哈特利（David Hartley）的迴響，他寫道：「猶太人很有可能會在巴勒斯坦再次拓土。」[7]

在得到美國支持之前，這個進程並沒有完全成功執行。而說到這裡，支持猶太民族有權回到巴勒斯坦並建立錫安的概念，也有一段歷史。歐洲的新教徒表達著這些想法之時，這些概念也在大西洋的彼岸以類似的形式出現了。美國總統亞當斯（John Adams，一七三五—一八二六）說道：「我真心期盼猶太民族能以獨立國家之姿，再度回歸猶大。」[8]一段簡短的思想史，可以讓我們瞭解，這些想法是如何從宣揚這波運動的元老，流傳到有權力改變巴勒斯坦命運之人。其中的帶領者是英國的重要政治家暨改革家沙夫茨伯里勳爵（Lord Shaftesbury，一八〇一—一八八五），他積極倡議要在巴勒斯坦建立猶太家園。基於宗教和戰略的理由，他主張英國必須在巴勒斯坦發揮更大的影響力。[9]

如同我現在要闡釋的，宗教熱忱和改革狂熱形成了一個危險的混合體，領導著沙夫茨伯里在十九世紀中期的企圖，使一九一七年的《貝爾福宣言》（Balfour

Declaration）得以成真。沙夫茨伯里意識到，英國光是支持猶太人的回歸並不夠，還必須在猶太人殖民初期積極協助。他於是主張，英國和猶太人應該結盟，提供猶太人前往鄂圖曼轄下巴勒斯坦所需的物質幫助。他說服英國國教主教中心和耶路撒冷總教堂為此一計畫提供早期金援。要不是沙夫茨伯里將自己的岳父，也就是英國外交大臣、而後成為首相的帕默斯頓勳爵（Lord Palmerston）納入這項計畫之中，這件事是無法成真的。一八三八年八月一日，沙夫茨伯里在他的日記裡寫道：

> 和帕默斯頓用了晚餐。餐後和他獨自離開。我把計畫提了出來供他考慮，好像引起了他的興趣。他問了些問題，然後欣然承諾他會考慮（幫助猶太人回歸巴勒斯坦並接管該地的計畫）。上蒼的旨意是如此奇異啊。如果僅以人類的思維來評定的話，這確實是奇異無比。帕默斯頓已經成為神選之人，將完成祂遠古使民之美事，向他們的傳承致敬，也肯認他們的權力，不信他們的注定。他似乎會做得更多。雖然動機是善美的，卻不太穩固。我被迫要在政治上、經濟上和商業上爭論。他並不如他的主一般，為耶路撒冷悲泣，也不為之而祈禱，使它最後能穿上它的美衣。[10]

沙夫茨伯里的第一步，是說服帕默斯頓指派與他志同道合的回歸運動者（restorationist，意指相信巴勒斯坦將會被歸還給猶太人之人）楊格（William Young）為英國第一任駐巴勒斯坦副領事。他隨後在日記裡寫下：「真是美事一樁！神之子民的遠古聖城，即將在諸民之間重返其地位；而英格蘭是第一個不再讓它被『踐踏在地』的非猶太王國。」[11] 一年之後的一八三九年，沙夫茨伯里為《倫敦評論季刊》（*The London Quarterly Review*）寫了一篇三頁的文章，題為〈猶太人的國家和重返〉（State and Restauration of the Jews [*sic*]），他在文中為神選之民預言了一個新的時代。他堅持：

> 猶太人應該被鼓勵更大規模地回歸，並再次成為猶大和加利利的百姓……誠然他們是個頑固又冷血的民族，淪陷在道德墮落、固執和對福音的蒙昧之中，（但他們）不僅值得被救贖，也對基督宗教救贖的希望至關重要。[12]

沙夫茨伯里對帕默斯頓的柔性遊說成功奏效。帕默斯頓也變成猶太回歸運動的擁護者，但政治上的理由多於宗教上的理由。在他考慮的種種因素中，其中一項為「在支撐殞落中的鄂圖曼帝國上，猶太人可能有些用處，因而能完成英國在該區域外交政策的關鍵目的。」[13]

帕默斯頓在一八四〇年八月十一日致信英國駐伊斯坦堡大使並提到，允許猶太人回到巴勒斯坦，攸關鄂圖曼帝國和英國的共同利益。諷刺的是，猶太人的回歸，被視為維持當時現狀的重要手段，也能避免鄂圖曼帝國的瓦解。帕默斯頓寫道：

如今，四散在歐洲各地的猶太人心中存在著一個強烈的念頭，也就是他們的民族回歸到巴勒斯坦的時刻已然迫近……。對蘇丹而言，鼓勵猶太人回歸並定居在巴勒斯坦一事顯然是重要的，因為他們攜帶的財富，會提升蘇丹轄下領土的資源；而且，猶太民族若是在蘇丹的邀請下受到允准和庇護而回歸，將能夠制衡阿里（Mohamet Ali）及其繼承者未來任何的邪惡企圖……。我謹此堅決指示閣下建議（土耳其政府）支持我們鼓勵歐洲猶太人回歸巴勒斯坦。[14]

阿里（以其阿拉伯語拼法「Muhammad Ali」更廣為人知）是埃及總督，在十九世紀上旬脫離鄂圖曼帝國政府。帕默斯頓致信他手下的伊斯坦堡大使之時，已是這位埃及領導人幾乎顛覆蘇丹的十年之後了。將猶太人的財富送往巴勒斯坦，會使得鄂圖曼帝國在面對潛在的內憂外患時更茁壯的概念，不啻強調了錫安主義是如何和反猶太主義、英國帝國主義和宗教神學連上線的。

帕默斯頓勳爵寄出此信數日後，《泰晤士報》（*The Times*）的頭篇文章便呼籲「在其父祖輩故土扶植猶太民族」，並宣稱此一計畫已然經過「嚴密的政治考慮」，也讚揚了帕默斯頓的努力，尊其為該計畫的發想人，也稱此一計畫「實際可行，並具有政治家的風範」。[15]帕默斯頓夫人也支持丈夫的立場。她向友人寫道：「我們這方有著熱忱和宗教上的考量因素，而你也知道他們在國內有多少支持者。他們下定決心，要將耶路撒冷和整個巴勒斯坦保留給猶太人，讓他們得以回歸；這是他們對於重新安置猶太人唯一的渴望。」[16]因此，帕默斯頓勳爵被形容為「十九世紀基督教錫安主義的主要倡導者，也是第一個試圖為猶太人在巴勒斯坦建立家園鋪路的顯赫政治家」。[17]

此刻，英國政界對猶太人回歸的熱誠，應該可被恰如其分地敘述為錫安主義的原型。不過，若要把當代的意識形態安進這個十九世紀發生的現象裡，我們應當非常謹慎，儘管如此，它已包含了可以把當時這些概念轉為未來詭辯的所有成分，藉以抹去且否認巴勒斯坦原居人口的基本權利。當然，許多教會及其神職人員，和巴勒斯坦當地人站在同一陣線。其中最為著名的是英國國教教士布萊斯（George Francis Popham Blyth），他和其他英國國教教會高層強烈同情巴勒斯坦人的渴望和權利。一八八七年，布萊斯創辦了聖喬治學院（St. George College），時至今日仍是東耶路撒冷最好的高級中學之一（主要由當地菁英的孩子就讀，而這些菁英也在二十世紀上旬的巴勒斯坦政治中扮演重要角色）。然而，權力仍然掌握在站在猶太方（稍後成為錫安主義方）的人手上。

英國駐耶路撒冷的第一個領事館在一八三八年落成。其任務包含以非官方的方式鼓勵猶太人前來巴勒斯坦，承諾庇護他們，在部分事例中也試圖使他們轉信基督教。早期領事人員中最知名的一位當屬芬恩（James Finn，一八〇六－一八七二），他的個人性格和行事作風，使得巴勒斯坦當地人一眼就看穿領事館任務將會帶來的後果。他或許是第一個公開寫下「猶太人回歸巴勒斯坦，可能導致巴勒斯坦人流離失所」的人。[18]這兩者之間的連接，將成為下一世紀錫安主義屯墾者殖民計畫的核心要素。

芬恩在一八四五年至一八六三年間派駐耶路撒冷。後世以色列歷史學家大大讚揚他對猶太人在故土上定居的幫助，而他的自傳也已譯成希伯來文。他並不是唯一一個在一個國家被奉為偉人、而在另一個國家被貶為罪人的歷史人物。芬恩對伊斯蘭存有全然的厭惡，特別是耶路撒冷各界的顯要人士。他從未學習阿拉伯語，總是透過口譯溝通，這對於他和巴勒斯坦當地人之間的關係可謂毫無幫助。

一八四一年，英國國教耶路撒冷教區創立，由亞歷山大（Michael Solomon Alexander，他從猶太教轉信）任第一任主教，第一個英國國教教堂基督堂（Christ Church）也在耶路撒冷鄰近的雅法門（Jaffa Gate）落成，這些都對芬恩有所裨益。儘管這些機構日後都和巴勒斯坦人自決權緊密關連，但它們當時都支持芬恩的原型錫安主義大業。芬恩比任何歐洲人都更致力於在耶路撒冷建立永久的西方勢力，並為傳教團、企業集團和政府機構安排土地和不動產的買賣。

日耳曼聖殿虔敬運動的影響

這些早期、大多數是英國的基督教錫安主義所萌發出的新芽和真正的錫安主義之間的一個重要連結，是日耳曼的聖殿虔敬運動（German Temple Pietist movement，日後稱為聖殿者〔Templers〕），而該運動從一八六〇年代開始至第一次世界大戰爆發之間活躍於巴勒斯坦。虔敬運動脫胎於日耳曼的路德派運動，並擴散至全世界，其版圖包括北美（當地虔敬運動對早期定居殖民主義〔settler colonialism〕的影響至今猶存）。約在一八六〇年代，該運動對巴勒斯坦的興趣逐漸開展。霍夫曼（Christoph Hoffmann）和哈德各（Georg David Hardegg）兩位日耳曼教士在一八六一年創辦了聖殿會（Temple Society）。他們和日耳曼符騰堡（Württemberg）的虔敬運動有強烈的連結，但對於如何有效推廣自己版本的基督教義也發展出自己的看法。對他們來說，在尋求救贖和赦罪的神聖行動裡，在耶路撒冷重建猶太聖殿，是不可或缺的一步。更重要的是，他們堅信，若自己定居在巴勒斯坦，便能親身參與彌賽亞的第二次降臨。[19]他們把虔敬主義轉譯成對巴勒斯坦的定居殖民主義，雖然並不是每個教會或國家機構都歡迎這種特定的解釋方式，但普魯士王廷的重臣和數位英國國教派的神學家都熱烈支持他們的教條。

隨著聖殿運動的威望水漲船高，大多數日耳曼的體制內教會也開始對其迫害。然而，他們從坐而言轉向起而行，開始遷居至巴勒斯坦——一路上成員之間紛爭不斷，但也同時吸納新血。一八六六年，他們在海法的加密山創建了第一個殖民地，並擴及當地其他區域。十九世紀末期，德皇威廉二世（Kaiser Wilhelm II）和蘇丹之間的關係增溫，讓他們得以擴張屯墾計畫。聖殿者至一九四八年都滯留在英屬巴勒斯坦託管地（British Mandate），直到他們被新成立的猶太國家驅逐。

早期的錫安主義者效仿了聖殿者的殖民地和屯墾模式。德國歷史學家朔爾克（Alexander Scholch）將聖殿者的殖民成果形容為「寧靜東征」（The Quite Crusade），但一八八二年以降陸續創建的早期錫安主義殖民地卻一點也不寧靜。[20] 聖殿者定居在巴勒斯坦之時，錫安主義已然成為歐洲一波值得關注的政治運動。簡而言之，錫安主義是一個主張透過殖民巴勒斯坦並在當地創建猶太國家，可以解決歐洲猶太問題的運動。這些想法由啟蒙運動、一八四八年的「民族之春」（Spring of Nations）和之後的社會主義思想所啟發，在一八六〇年代於歐洲各地萌芽。透過赫茨爾（Theodor Herzl）的願景發想，錫安主義由一道知識性、文化性的習題轉型為一個政治計畫，用以回應俄羅斯在一八七〇年代晚期和一八八〇年代初期一波極為邪惡的反猶太迫害浪潮，以及西歐反猶太民族主義的興起（德雷福斯〔Dreyfus〕冤案便顯示反猶太主義在法國和德國社會所扎的根有多深）。

透過赫茨爾和其他志同道合猶太領袖的努力，錫安主義變成在國際上受到肯認的一波運動。它起初是一波獨立的行動：針對歐洲的猶太問題解方，一群東歐猶太人發展出相似的想法，但他們並未等待國際肯認。他們在母國的公社裡勞動，為移民做好準備，而後在一八八二年開始定居巴勒斯坦。以錫安主義者的術語來說，他們稱做第一代阿利亞（First Aliyah）——持續至一九〇四年的第一波錫安主義移民。第二波（一九〇五－一九一四）移民稍有不同，參與者大部分是受挫的共產主義和社會主義信徒，他們不只將錫安主義看作猶太問題的解方，也把巴勒斯坦的集體屯墾區看作共產主義和社會主義的先鋒。然而，這兩波移民中，僅有少數人試圖在他們從巴勒斯坦人或外地阿拉伯地主手中購買的土地上耕作，大多數人偏好定居在巴勒斯坦城鎮中，初期依賴歐洲的猶太實業家支持，而後才開始尋求獨立的經濟資源。

《貝爾福宣言》與英國奪取巴勒斯坦

錫安主義和德國的連結終究不足為道，但其與英國的連結就變得十分重要。確實，當巴勒斯坦的人民開始意識到，對他們國家的前途而言，這種特定的移民形式並不是個好兆頭時，錫安運動便開始需要強大的支撐。當地領袖階層覺得這種移民浪潮對他們的社會將帶來非常不良的影響。其中一個重要人物，便是耶路撒冷的伊斯蘭教法官（mufti）胡賽尼二世（Tahir al-Hussayni II），他將進入耶路撒冷的猶太移民潮視為歐洲人對該城之穆斯林神聖性的挑戰。他的一些前輩也早已注意到芬恩將猶太人的到來視為十字軍榮耀的恢復。難怪這位伊斯蘭教法官會帶頭反對猶太移民潮，並特別強調當地人必須克己，不可把土地賣給此等計畫的支持者。他意識到，讓移民持有土地，便代表著承認了他們的所有權主張，至於不在當地長居的移入人口，則可看作短期的朝聖者。[21]

因此，從多個面向來說，英國出於帝國戰略的驅使，利用了猶太人回歸作為倫敦當局進一步干涉「聖地」的一種方式，而這恰好和歐洲文化知識份子的新興錫安主義理想同時發生。所以，基督徒和猶太人都把對巴勒斯坦的殖民視為一種回歸和救贖的行動。兩種不同力量的驅使，在巧合之下製造出一個強大的同盟，把猶太人從歐洲送往巴勒斯坦的反猶太主義和千禧年想法，轉化為一個真實的屯墾計畫，讓巴勒斯坦的原居住民變成犧牲者。這個同盟之所以為世人所知，是因一九一七年十一月二日《貝爾福宣言》的發表——這封由英國外交大臣貝爾福（Arthur Balfour）發給英籍猶太社群的信，實質上承諾了英國會全力支持他們在巴勒斯坦創建一個猶太家園。

多虧英國歷史資料檔案的方便性及其高效的編檔制度，我們現今有幸看到許多探討《貝爾福宣言》歷史背景的傑出學術作品。其中最優秀的一篇，還是耶路撒冷希伯來大學（Hebrew University）一篇由威爾特（Mayer Verte）於一九七〇年撰寫的論文。[22]他特別闡明，英國政府官員錯誤地主張布爾什維克運動（Bolshevik）中的猶太成員和錫安主義者有相同的抱負，因此認為一份支持錫安主義的宣言能夠為英國和俄羅斯新政權的良好關係鋪路。更重要的是，這些官員也假定美國猶太人會歡迎這種政策表態，而且英國推測他們應該對華盛頓當局具有很大的影響力。千禧年運動和伊斯蘭恐懼症也混合在這波運動之中：時任首相的勞合．喬治（David Lloyd George）是虔誠的基督徒，在宗教基礎上支持猶太人的回歸，而在戰略考量上，他和同僚寧可聖地出現的是猶太人的殖民地，而不是穆斯林的殖民地，也就是他們眼中的巴勒斯坦人。

最近，我們取得了著於一九三九年的一份更加全面性的分析，它在二〇一三年重新浮出水面前曾佚失多年。這份題為《巴勒斯坦真相》（*Palestine: The Reality*）的分析文件是英國記者傑佛瑞斯（J. M. N Jeffries）的作品，它是七百多頁對於《貝爾福宣言》背後真相的闡釋。[23]透過傑佛瑞斯的私人關係和他取得的廣泛文件（現已不復存在），這份分析精確揭露了英國海軍、陸軍和政府內有哪些人員為這份宣言出力，以及其背後原因。在他的敘事裡，對於英國支持巴勒斯坦殖民進程的態度，親錫安主義的基督徒似乎比錫安主義者本身更為熱切。

迄今，所有關於這篇宣言的研究的共同底線如下：英國的許多決策者都認為，在巴勒斯坦建立猶太民族家園的想法，和英國在該區域的戰略利益相符。一旦英國占領了巴勒斯坦，猶太人和英國的同盟，將允許猶太人在英國的支持下為其民族國家進行基礎建設，並獲得英國皇家政府的武力庇護。

但要拿下巴勒斯坦並非易事。英國對抗土耳其人的戰役幾乎持續了一九一七年一整年。開戰時尚稱順利，英軍橫掃西奈半島，而後卻陷入在加薩走廊和貝爾謝巴（Bir Saba）間戰線的壕溝戰。不過，在打破僵局後，戰事就容易許多——事實上，耶路撒冷甚至不戰而降。緊接著的軍事占領，將三股各自獨立的進程——錫安主義的出現、新教徒的千禧年主義，以及英國帝國主義——結合成一個強大的意識形態融合體，登上巴勒斯坦岸頭，在接下來的三十年間摧折了這個國家及其人民。

今日以色列的猶太人是誰？

有些人會質疑，在一九一八年的事件餘波中定居在巴勒斯坦的猶太錫安主義者，是否真的是羅馬在兩千年前驅逐的猶太人後裔。這始於庫斯勒（Arthur Koestler，一九〇五—一九八三）拋出的著名哉問，他在其一九七六年的《第十三支派》（*The Thirteenth Tribe*）提出猶太定居者其實是哈札爾人後裔的理論，哈札爾人是高加索山區的一支突厥民族，在八世紀改信猶太教，而後被迫往西方遷徙。[24]以色列科學家自此便不斷嘗試證明，居住在羅馬時代巴勒斯坦的猶太人和當代以色列的猶太人有著基因譜系上的連結。儘管如此，時至今日人們仍爭辯不休。

更嚴謹的分析，來自未受錫安主義影響的《聖經》學者，如懷特蘭（Keith Whitelam）和湯普森（Thomas Thompson）和以色列學者伊斯雷爾·芬克斯坦（Israel Finkelstein），他們全都拒絕將《聖經》視為具有意義的史實記敘。[25]懷特蘭和湯普森也質疑《聖經》時代有任何類似「民族」概念的存在，和其他學者一樣對他們所稱的「現代以色列的發明」（invention of modern Israel）抱持批判態度，稱其為親錫安主義基督宗教神學家的「作品」。最新將此一概念解構的論述，在桑德的《猶太民族的發明》和《以色列地的發明》（*The Invention of the Land of Israel*）中可見得。[26]我尊重並感激這些學術研究成果；然而，在政治上，我認為這比起拒絕承認巴勒斯坦人存在的假說（儘管這些研究有助於推翻此一假說）而言，並不那麼重要。人們有權發明出一個自己的認同，就像許多國族運動在其創始之時所為一般。但若這種民族起源的敘事會導致諸如種族屠殺、種族清洗（ethnic cleansing）和高壓迫害的政治計畫，問題就變得極為棘手了。

關於十九世紀錫安主義提出的種種主張在歷史上的正確性，其實不太重要；如今以色列的猶太人是否為羅馬時期猶太人的真實後裔，也一樣不太重要；真正重要的是，以色列國堅稱它是在為全世界的猶太人發聲，而且以色列的所作所為都是為了這些人，也代表他們。截至一九六七年，這樣的宣稱對以色列國還是非常受用。無論何時，只要以色列的政策遭到質疑，全世界的猶太人，特別是美籍猶太人，都會變成以色列的主要擁護者。在許多方面，這種情況仍然在美國發生。然而，即便在美國，以及其他各地的猶太社群裡，這種看似明白的關聯性也正遭到挑戰。

錫安主義，就像我們將在下一章看到的一般，原本只是猶太人的小眾觀點。在

「猶太人是歸屬於巴勒斯坦的民族，因此需要協助他們回歸」此一論點的成形過程中，他們必須倚靠英國官員，隨後更須依賴軍事武力的協助。總體而言，猶太人以及全世界人民都似乎不太能被「猶太人為無土之族」的想法所說服。沙夫茨伯里、芬恩、貝爾福和勞合．喬治卻挺喜歡這個概念，因為它能幫助英國在巴勒斯坦站穩陣腳。在英國以武力強取巴勒斯坦後，這個概念隨即變得不值一哂，而必須從一個新的立足點去決定這片土地究竟是屬於猶太人，還是巴勒斯坦人——英國從未妥善回答這個問題，因而必須在三十年挫折連連的統治之後，將爛攤子留給後人。

第三章　錫安主義即是猶太教義

若要妥善地檢驗錫安主義等同於猶太教義的假設，則必須從錫安主義誕生之時的歷史脈絡開始談起。在十九世紀中期，錫安主義萌芽之時，它還只是猶太人文化生活中一個不甚重要的語詞。錫安主義脫胎自中歐和東歐猶太社群的兩股政治推力。第一股推動力，是猶太人試圖在一個拒絕讓他們以同等地位融入、並時而對其迫害的社會中尋求安全；迫害的方式要不是透過立法手段，便是透過掌權者所組織或鼓勵的騷亂，把社會的注意力從時下的經濟危機或政治動盪轉移到猶太人身上。第二股推動力，則發生在史學家稱做歐洲民族之春的時期，是猶太人對於仿效歐洲雨後春筍般興起的民族運動的想望。在奧匈和鄂圖曼這兩個搖搖欲墜的帝國境內，有許多希望重新自我定義為國族的民族和宗教群體，因此追求將猶太教從宗教轉型成民族概念的猶太人並非特例。

錫安主義的根基

在十八世紀稱做猶太啟蒙運動的潮流之中，早已能發現當代錫安主義的根基。在這波運動裡，一群作家、詩人和拉比[1]復興了希伯來語，將傳統與宗教的猶太教育邊界向外推至更為普世的科學、文學和哲學研究。在中東歐地區，希伯來文報章和期刊數量也激增。在這群人之中，一些在錫安主義史學中稱做「錫安主義信使」（Harbingers of Zionism）的個人脫穎而出，他們的民族主義思想傾向更明顯，並在其著作中將希伯來語的復興和民族主義加以連結。他們提出了兩項新的概念：要將猶太教重新定義為一種國族運動；同時，為了讓猶太人回歸他們在西元七〇年遭到驅逐的遠古祖國，殖民巴勒斯坦是必要手段。他們將這波運動定義為「農業殖民」（在歐洲許多地區，猶太人不被允許擁有或耕作土地，因此以農業民族、而非自由公民之姿重新立足便特別具有吸引力），並提倡猶太人的「回歸」。

這些理念在一八八一年俄羅斯一波殘暴的種族迫害之後變得更為盛行，也使其轉型為一個名為「錫安之愛」（The Lovers of Zion）的運動所宣傳的政治計畫，該運動也在一八八二年派出數百位熱血猶太青年到巴勒斯坦創建第一波的新殖民地。錫安主義歷史的第一階段以赫茨爾的著作和行動告結。赫茨爾出生於一八六〇年奧匈帝國統治下的佩斯（Pest），[2]幾乎終其一生都住在維也納；他生涯初始為劇作家，主要的興趣是他身處的社會中當代猶太人的地位和問題。一開始，他堅稱猶太人應該全然為當地社會同化，這才是猶太困境的解方。一八九〇年代，他轉職為記者，根據他的自述，他在這時才意識到反猶太主義的浪潮有多強盛。他總結道，社會同化的理想不可行，轉而選擇在巴勒斯坦創建猶太國家，是為他所定義「猶太問題」的最佳解方。

並不是所有猶太人都支持錫安主義

當這些早期錫安主義理念在德國和美國等國的猶太社群裡流通之際，幾位著名的拉比和領導人物對這種新提案並不買帳。宗教領袖視錫安主義為一種世俗化和現代化，因而不加考慮；同時，世俗派的猶太人害怕這些新理念會讓他們居住的國家質疑猶太人的忠誠度，並可能因此增強反猶太主義的情緒。對於如何應對當代歐洲對猶太人的迫害，這兩組人馬有著不同的看法。有些人相信，進一步強化猶太宗教和傳統會是解答（當時的伊斯蘭原教旨主義者在面對歐洲現代化浪潮時也採取了相同的策略），而其他人則支持進一步採納非猶太式的生活型態。

當錫安主義理念於一八四〇年代至一八八〇年代之間在歐美出現時，大部分的猶太人分別以兩種不同的方式踐行猶太教義。其中一派頑固而堅定，他們生活在十分緊密的宗教社群裡，迴避諸如民族主義等等的新思維，也確實將現代化視為一種令人厭惡的威脅，會危害他們的生活型態。另一派則活在世俗之中，其生活方式只和當地非猶太社群有著極為細微的差異——他們慶祝特定節日、週五定期前往猶太會堂，贖罪日（day of atonement，希伯來語稱 Yom Kippur）時盡量避免在公眾場合飲食。肖勒姆（Gershom Scholem）便是這些猶太人的一員，他在自傳《從柏林到耶路撒冷》（*Berlin to Jerusalem*）裡回憶，身為年輕猶太社群的一份子，他是怎麼在贖罪日時和友人一同在餐廳裡用餐；到達餐廳時，店主會通知他們，「餐廳裡為了齋戒的紳士所設的特別包廂已經準備好了」。[3] 無論個體或社群，猶太人的生活方式處在世俗和正統兩個極端之間。不過，也讓我們再更進一步看看，到了十九世紀下旬，他們面對錫安主義時又採取了什麼態度。

當然，就像基督教世俗主義或伊斯蘭世俗主義一般，猶太教世俗主義是個有點詭異的概念。如上所述，世俗派猶太人和其宗教之間有著不同程度的連結（大致上像是英國世俗派的基督徒仍會慶祝復活節和聖誕節，會將孩子送到英國國教教會創辦的學校，也偶爾或頻繁參加週日彌撒）。到了十九世紀下半，這種以現代方式踐行猶太教義的形式變成一波有力的宗教運動，史稱改革運動（Reform movement），他們找尋各種調整宗教以使其順應現代社會的方式，不願屈就其中過時的部分。此一流派在德國和美國特別盛行。

當改革運動派第一次邂逅錫安主義時，他們強烈地反對將猶太教重新定義為一種民族主義，也拒絕在巴勒斯坦創建猶太國家。然而，在一九四八年以色列建國之後，他們原先反錫安主義的立場便有了轉變。二十世紀後期，原改革運動派的大多數成員在美國創立了新派改革運動，日後成為美國最茁壯的猶太組織之一（雖然在一九九九年之前，新派改革運動都未曾正式對以色列和錫安主義示忠）。然而，大量猶太人從新派改革運動出走，創立了美國猶太教委員會（American Council of Judaism，簡稱 ACJ），該組織維持舊派改革運動對錫安主義的看法，並在一九九三年時提醒世界：錫安主義仍然只是猶太人間的一個小眾理念。[4]

在內部分裂之前，德國和美國的改革運動對錫安主義的態度都是強烈且一致的。在德國，他們公開拒絕「猶太民族」的概念，並宣布他們是「信仰摩西的德國人」。德國改革運動派早期的一項變革，是把所有提及回歸「以色列之地」或在該地重建國家的字語從禱詞中移除。同樣地，早在一八六九年，美國改革運動派在其草創時期的一次年會上宣布：

以色列（指猶太人）之所以信仰彌賽亞，目標並不是要重建屬於大衛王後裔的猶太國家，因那將使得大地上的民族再次相互分離；吾等的目標是讚美神的獨一，並在其中聯合神的子民，認清所有理性動物皆為一體，也認清他們對道德聖性之呼求。

一八八五年，另一次改革運動派的會議宣布：「我們不再認為自己是一支民族，而是一個宗教社群，因而我們不期望回歸巴勒斯坦，也不冀望屬於亞倫（Aaron）子民的獻祭敬拜，亦不期待重立任何關於猶太國家的律法。」

一位持此種看法的著名領袖為科勒拉比（Kaufman Kohler），他否認「猶大是猶太人的家園——因這種觀點將使廣闊大地上的猶太人『失家』」。另一位十九世紀末的改革運動派領袖懷斯（Issac Mayer Wise）也經常嘲笑赫茨爾之流的錫安主義領袖，將他們比喻為自稱對科學有所貢獻的江湖煉金術士。在赫茨爾的居住地維也納，耶利內克（Adolf Jellinek）主張錫安主義會讓歐洲猶太人的處境更加危險，並稱大多數猶太人都反對這種理念。「我們已經在家裡了，在我們歐洲的家。」他如是宣告。

在改革運動派之外，自由派猶太教徒在當時也辯駁「錫安主義為反猶太主義提供了唯一解方」的主張。拉克（Walter Lacquer）在《錫安主義史》（*The History of Zionism*）中向我們證明：自由派猶太教徒將錫安主義視為一個與現實脫勾的運動，並未為歐洲的猶太問題提供任何解答。他們主張猶太人必須經歷所謂的「重生」，包含對其居住國表示絕對忠誠，且願意以公民身分完全融入該國社會。[5]他們期待，一個更加自由寬容的世界，將能解決一切壓迫及反猶太相關問題。歷史證明自由主義確實拯救了移往或原居英美兩國的猶太人，但深信同等美事會發生在歐洲其餘地區猶太人身上的人，歷史卻證明他們錯了。但就算後見之明如今已然可鑑，許多自由派的猶太教徒仍然不將錫安主義視為正確的解方，過去或現在皆然。

直到一八九〇年代，社會主義派和正統派猶太教徒才開始發聲並批判錫安主義；也是在該年代晚期，錫安主義才被視為一股不容小覷的政治力量，而這得歸功於赫茨爾的不輟筆耕。赫茨爾深諳當代政治情勢，書寫烏托邦小說、政治宣傳書冊和新聞報導，旨在闡述他的觀點，也就是歐洲協助猶太人在巴勒斯坦建立現代化的猶太國家有利於自身的利益。世界領袖不為所動，而作為巴勒斯坦統治者的鄂圖曼帝國亦是如此。赫茨爾最偉大的成就，在於他把所有的倡議者在一八九七年集結在一場會議上，並以此為出發點創立了兩個基本組織——一個將錫安主義理念推廣至全球的世界議會，以及一個意在擴張巴勒斯坦猶太殖民計畫的在地組織。

因此，隨著錫安主義理念的成形，來自猶太人的反錫安主義批評聲浪也變得更清晰。在改革運動之外，各界的批評分別來自左翼政治團體、不同猶太教社群的平信徒領袖以及正統派猶太教徒。一八九七年，也就是第一次錫安主義大會在瑞士巴塞爾（Basel）舉辦的同年，一派社會主義猶太運動在俄羅斯誕生了：蹦得聯盟（Bund）。它既是政治運動，也是由猶太人組成的貿易聯盟。蹦得聯盟的成員相信，對於歐洲的猶太問題，社會主義（即便是布爾什維克）的革命，會是比錫安主義更好的解方。他們將錫安主義視為一種逃避現實的方式。更重要的是，當納粹主義和法西斯主義即將在歐洲興起之時，蹦得聯盟的成員認為錫安主義會使得猶太人對其居住國的忠誠度受到質疑，而這會增強納粹和法西斯的反猶太情緒。即便在納粹大屠殺之後，蹦得聯盟的成員仍然堅信，猶太人應該在重視人權和公民權的社會裡尋找棲身之地，不該將猶太民族國家的建立視為萬靈解藥。然而，這種反錫安主義的信念大約從一九五〇年代中期便逐漸減弱，這波曾盛極一時的運動的殘灰餘燼最終決定公開支持以色列國（他們甚至還曾在以色列設立支部）。[6]

蹦得聯盟的反應為赫茨爾帶來的困擾，其實不如英法等地猶太政經界菁英不溫不火的回應。他們要不是將赫茨爾視為門外漢，懷抱打高空的理想，就是把他視為一個會危及他們在其身處社會裡猶太生活型態的顛覆者，例如在英國，這些菁英在擺脫束縛和融入社會上都頗有進展。赫茨爾呼籲在異地建立和其他世上主權國家享有等同地位的猶太主權，對此，維多利亞時代的英籍猶太人感到相當不安。對於中歐及西歐一些更穩固的猶太社群而言，錫安主義是一種具有挑釁意味的願景，讓人懷疑英籍、德籍和法籍猶太人對他們居住國的忠誠度。也多虧了赫茨爾獲得的零落支持，錫安主義運動在第一次世界大戰前都未能真正有力地參與戰事。直到一九〇四年赫茨爾死後，該運動的其他領導者（特別是魏茨曼〔Chaim Weizmann〕，他在赫茨爾過世當年移民至英國，在當地成為傑出的科學家，對英國在第一次世界大戰的戰功有相當貢獻）才和倫敦當局建立了強壯的同盟，為錫安主義大效犬馬之勞，這在本章後續會再詳述。[7]

錫安主義早期遭受到的第三波批判，來自於極端正統猶太教派。時至今日，許多極端正統猶太教社群仍然激烈反對錫安主義，雖然相比於十九世紀晚期，這些社群已經小很多了，而當中一些人也移居以色列，並成為如今以色列政治體系中的一部分。無論如何，他們在過去也形成了另一種不屬於錫安主義的猶太教認同。事實上，當錫安主義在歐洲初露頭角時，許多傳統派的拉比禁止他們的追隨者和錫安主義相關活動有所瓜葛。他們認為錫安主義干涉了上帝在彌賽亞到來之前保持猶太人流放狀態的意旨。他們全然反對猶太人應該盡其所能結束其「流放狀態」的想法；相反地，他們應該要等待上帝的訊息，並踐行傳統的生活方式。即便以個人朝聖者的身分造訪巴勒斯坦和在該地求學是被允許的，但這並不能被解讀為大規模的遷徙也是如此。德國哈西迪（Hasidic）猶太教的吉克夫派（Dzikover）大拉比對此忿忿不平地總結道：錫安主義要求他放棄猶太教數世紀以來的智慧和律法，卻只是為了一塊破布、一堆土和一首歌（意指國旗、土地和國歌）而已。[8]

然而，也不是所有權威的拉比都反對錫安主義。有一小群很知名的權威人士，例如卡萊（al-Qalay）、古特馬赫（Gutmacher）和卡里舍（Qalisher）等拉比都支持錫安主義的移民計畫。他們雖然只占少數，如今看來卻是一群重要人物，因為他們創立了錫安主義中民族主義宗教側翼的基礎。他們在宗教上的斡旋技巧令人印象深刻。在以色列史料中，他們被尊為「宗教錫安主義之父」（Fathers of the Religious Zionism）。宗教錫安主義是當代以色列相當重要的一波運動，也是救世主義屯墾運動忠信社群（Gush Emunim）在意識形態上的歸屬，該運動自一九六七年以降殖民了約旦河西岸與加薩走廊地區。這些拉比不只呼籲猶太人離開歐洲，更主張猶太人以拓墾土地的方式來殖民巴勒斯坦（不讓人意外地，在他們的著作裡，該地的原居民並不存在）是一項宗教責任，而不只基於民族主義理由。他們宣稱，如此行動並不是干涉上帝的意旨；相反地，這能夠實現先知的預言，並能推進猶太人救贖和彌賽亞的到來。[9]

正統派猶太教的領袖大多反對這種計畫和解讀方式。不過，他們之所以反對錫安主義，還有其他理由。這波新的運動不只意在殖民巴勒斯坦，也希望藉由發明對立於歐洲虔誠的正統派猶太教徒的「新猶太人」概念，將猶太人世俗化。於是，最終出現了一種新的歐洲猶太人形象：因為歐洲的反猶太主義，他們無法繼續住在當地，所以必須在歐洲這片大陸之外，才能過得像歐洲人。因此，相似於此一時期的許多其他運動，錫安主義以民族主義話語重新定義自身——但它的根本差異之處，是錫安主義擇選了一片新的土地來達成這樣的轉化。錫安主義者取笑正統派猶太教徒，認為他們是一群只有在巴勒斯坦辛勤勞作才能夠被救贖的人。赫茨爾在未來主義烏托邦小說《新故鄉》（*Altnueland*）裡精細地描述了這種蛻變，其故事背景為一個德國旅遊團在猶太國家建立一段時間後來到該地。[10]在到達巴勒斯坦前，其中一位遊客曾遇過一名信奉正統派猶太教的年輕乞丐——這位遊客來到巴勒斯坦後又再次遇見他，但此時他已是個世俗之人、受了教育、極度富裕且躊躇滿志。

當《聖經》成為土地登記權狀

《聖經》在猶太日常生活中的角色，闡明了猶太教義和錫安主義另一個清楚的差異。在錫安主義之前的猶太教世界中，《聖經》在歐洲或阿拉伯世界的許多猶太教育中心裡，並不被當作帶有任何政治或民族主義意涵的文本來教導。領導猶太人的拉比，將《聖經》包含的政治歷史和猶太人對以色列之地的主權此一概念，視為其宗教學術界裡的邊緣議題。對於聖書，他們（確實也如同猶太教的大抵態度）更關注的是信徒之間的關係，特別是信徒與上帝之間的關係。

從一八八二年的「錫安之愛」，到第一次世界大戰前夕呼籲英國支持猶太人對巴勒斯坦所有權的錫安主義領袖，他們對《聖經》的引用並不少見。為了追求自身利益，錫安主義的領袖從根本上挑戰了對《聖經》的傳統解讀。例如，錫安之愛將《聖經》讀成一個「猶太人誕生在巴勒斯坦的土地上，在迦南政權的奴役下成為一支受壓迫民族」的故事：迦南政權將猶太人流放到埃及，直到他們在約書亞的領導之下回到家鄉並解放故土。相反地，傳統讀經方式的焦點，則是亞伯拉罕及其家系為發現獨一真神（而非一支民族及其家園）的存在之人。大多數的讀者對這種傳統敘事都不陌生：亞伯拉罕族人發現了上帝，經過一連串的考驗和苦難，最終到達埃及[11]——這和受壓迫的民族為解放而鬥爭的故事完全大相徑庭。然而，後者才是錫安主義者偏好的解讀，且在今日的以色列依然成立。

在錫安主義對《聖經》的種種運用方式之中，最有趣的一種是其社會主義側翼所採用的。社會主義和錫安主義的融合，在赫茨爾於一九〇四年死後真正開始，當時許多社會主義派別在世界錫安主義運動中和巴勒斯坦當地成為了領導黨派。對社會主義者而言，如其中某人所述，《聖經》提供了「我們對這片土地的權利所需的神話」。[12]在《聖經》裡，他們讀到了希伯來農夫、牧人、國王和戰爭的故事，並用這些故事來敘述一段猶太國家誕生之時的遠古黃金時期。回歸故土便意味著重回當地，並再次成為那些農夫、牧人和國王。因此，他們發現自己面對著一種極具挑戰性的悖論——他們想世俗化猶太人的生活方式，卻又想用《聖經》來當作殖民巴勒斯坦的理由。換言之，雖然他們不信上帝，神仍然將巴勒斯坦應許了他們。

對許多錫安主義領袖來說，之所以提及《聖經》裡對巴勒斯坦土地的敘述，只是達成目的的一個手段罷了，與錫安主義的本質根本無關。這在赫茨爾的文字中特別明顯。在一八九六年七月十日《猶太紀事報》（*The Jewish Chronicle*）的著名文章裡，他將猶太人對巴勒斯坦土地之所求奠基於《聖經》，但同時也表達了他的期望，即未來的猶太國家，應根據當時歐洲的政治和道德哲學運作。比起取代了他的領袖群體，赫茨爾應該更屬於世俗派。這位錫安主義運動先驅也曾認真考慮過其他能替代巴勒斯坦的方案，例如以烏干達作為錫安的應許之地。他也考慮過北美、南美以及亞塞拜然作為其移民目的地。[13]一九〇四年，赫茨爾過世而其繼承者隨之上位後，錫安主義緊盯巴勒斯坦，因而相比前期，《聖經》作為猶太人對該地享有神聖權利的證據，也變得更不可或缺。

英國與歐洲基督教錫安主義勢力的逐漸興起，加深了一九〇四年後人們對巴勒斯坦的執念，將其視為唯一能實踐錫安主義的土地。研讀《聖經》的神學家以及考掘「聖地」的福音派考古學家，都歡迎猶太人的定居，因為這可以確認他們的宗教信條：「猶太人回歸」預示著上帝對末日的應許。猶太人的回歸，是彌賽亞再臨和死者復活的前兆。此種深奧的宗教信條，可以為錫安主義殖民巴勒斯坦的計畫服務。[14]然而，這些宗教願景的背後，其實存在著傳統的反猶太主義情緒。把猶太社群推到巴勒斯坦並不只是宗教要務，也有助於再造一個沒有猶太人的歐洲。這不啻為一石二鳥之計：既能趕走歐洲的猶太人，也能完成神聖使命——將猶太人送回巴勒斯坦（及隨後讓他們轉信基督宗教，而若他們拒絕的話，便讓他們在地獄裡受火刑），能加快耶穌復臨的腳步。

自那時起，《聖經》同時成為錫安主義者殖民巴勒斯坦的理由和路線圖。從歷史的角度看來，《聖經》自錫安主義之始便對其大有助益，一直到以色列國在一九四八年成立都是如此。無論是出於對內或對外的考量，《聖經》在以色列的主流敘事手法中，都扮演了重要的角色；這種敘事宣稱以色列和上帝在《聖經》中應許亞伯拉罕的，是同一片土地。在這種敘事中，「以色列」一直存在著，直到西元七〇年羅馬人將其消滅並放逐其人民。訂於此一時間點的宗教紀念日（也就是耶路撒冷第二聖殿被毀之日），便是一個哀悼之日。[15]在以色列，這個紀念日也成為一個全國哀悼日，舉國上下的娛樂產業在前一晚就必須關閉，包括餐廳。

近年來，所謂的聖經考古學（這本身就是一個矛盾的概念，因為《聖經》是一部大型文學作品，由許多人在不同時期寫就，難以當作歷史文本[16]），協助提供了此一敘事主要的學術世俗證據。根據這種敘事，在西元七〇年後、錫安主義者重返前，這片土地大抵上杳無人煙。然而，錫安主義者的先鋒也知道，只訴諸《聖經》的權威並不足夠。要殖民巴勒斯坦這片已有人民居住的土地，會需要一系列系統性的政策，包括屯墾和掠奪土地，甚至是種族清洗。為了激起全球的基督徒為錫安主義撐腰，把對巴勒斯坦的掠奪描繪成一項基督教神聖計畫的實現，便十分有用。

正如我們所見，在所有其他領土的選項都被排除而讓錫安主義聚焦於拓墾巴勒斯坦之時，接續早期先鋒的領導者，便開始對勢力逐漸增長的世俗運動注入社會主義、甚至馬克思主義的意識形態。如今的目標便是（透過上帝的幫助）在聖地建立一個世俗社會主義的猶太殖民計畫。被殖民的當地居民很快便認知到，無論屯墾者帶來的是《聖經》、馬克思的著作或是歐洲啟蒙運動論叢，他們的命數基本上已被論定，重要的只是他們是否或如何會被納入屯墾者的未來願景。因此，從早期錫安主義領袖和定居者的偏執記載中，無論當地人的身分和想望為何，都被描繪為阻礙、異族和仇敵的方式，便可以看出錫安主義的態度。[17]

在這些記載中，最早的反阿拉伯文獻內容，寫於定居者在前往舊殖民區的半途或在當地城鎮中而仍被巴勒斯坦人收留之時。他們的抱怨始於在尋求工作和謀生之計時的經驗。無論他們是要前往舊殖民區或在城鎮中碰運氣，這種困境似乎都普遍對他們造成影響。無論身在何處，為了生存，他們就必須和巴勒斯坦農民或工人並肩勞動。透過這種密切的接觸，即便是最傲慢且目空一切的定居者也都意識到，就人文景觀而言，巴勒斯坦完全就是一個阿拉伯國度。

英國託管時期的猶太社群領袖，也是以色列第一任總理的本─古里安（David Ben-Gurion），將巴勒斯坦工人和農夫描述為 beit mihush（希伯來語，意為「蚊蚋叢生的痛苦溫床」）。其他定居者在言談之中，則將巴勒斯坦人當作外族和異類。「在我們看來，這裡的人比俄羅斯或波蘭鄉巴佬更古怪，」一位定居者如此寫下，並補充道，「我們和大多數居住在這裡的人一丁點共同之處都沒有。」[18]畢竟，他們一直被告知巴勒斯坦的土地上荒無人煙，發現這裡竟然有人就夠讓他們驚訝了。一個定居者記述道：「我在哈代拉（Hadera，一個早期錫安主義殖民區，建於一八八二年）發現部分的房舍被阿拉伯人占據，真讓我作嘔。」另一位定居者則告知其他波蘭人，他看見阿拉伯男女老少在里雄萊錫安（Rishon LeZion，另一個一八八二年建造的殖民區）穿梭時，感到萬分震驚。[19]

有鑑於這個地區並非荒無人煙，而你必須克服當地人的存在，那還不如讓上帝站在你這邊——就算你並不信神。本—古里安及其同僚好友本—茲維（Yitzhak Ben-Zvi，他在巴勒斯坦和本—古里安一起領導錫安主義中的社會主義派別，後來成為以色列第二任總統）使用《聖經》中的應許，作為殖民巴勒斯坦的主要理由。從以色列工黨（Labor Party）[20]裡在一九七〇年代中期繼承這兩人的理論家，到聯合黨（Likud）[21]最膚淺的世俗聖經主義（Bible-ism）[22]及其近年來的支系，一直都是這麼回事。

將《聖經》解釋為錫安主義的神聖理由，使得社會主義者能夠化解以下兩者間的衝突：一是他們對團結和平等的普世價值的信守，另一則是他們掠奪土地的殖民計畫。確實，正因殖民是錫安主義的主要目標，人們必然疑問：這是哪門子的社會主義。畢竟，在許多人的共同記憶中，錫安主義的黃金時期，和猶太屯墾區（Kibbutz）[23]的建立所帶來的集體主義和平等主義生活息息相關。這種生活模式在以色列建國後仍存在許久，吸引了世界各地的年輕人來到當地志願服務，體驗最純粹的共產主義。不過，只有非常少數人清楚或能夠知道，大多數的猶太屯墾區是建立在被毀的巴勒斯坦村莊上，而這些村莊的居民也在一九四八年被驅逐。作為辯護，錫安主義者宣稱這些村莊都是《聖經》曾提及的舊有猶太據點，因而他們將土地據為己有並不是占領，而是解放。「《聖經》考古學家」組成的特殊委員會進入荒廢的村莊，並決定該地《聖經》時期的名稱為何。隨後，猶太國家基金（Jewish National Fund）的積極官員便會以新恢復的地名成立定居點（settlement）[24]。[25]一九六七年後，時任以色列勞動部長的世俗派猶太社會主義者亞隆（Yigal Alon），以類似的方式在希伯崙附近建造了一座新城鎮，因為根據《聖經》，該地「屬於」猶太人。

一些具有批判性的以色列學者，其中最著名的為沙非爾（Gershon Shafir）和斯湯奈爾（Zeev Sternhell），以及美國學者洛克曼（Zachary Lockman），都解釋了對土地的殖民占領，是如何玷污所謂社會主義派錫安主義的黃金年代。如同這些歷史學家所闡釋，錫安主義中的社會主義，作為一種踐行和生活方式，一直以來都只是社會主義普世意識形態在某種條件下的局限版本。形塑各種西方左派意識形態運動的普世價值和抱負，在巴勒斯坦很早就被國族主義或錫安主義收編了。難怪社會主義對第二代定居者不再具有吸引力。[26]

然而，即便已從巴勒斯坦人手中取得土地，宗教仍是此一過程的重要部分。以宗教之名，你便能援引並主張自己對巴勒斯坦自遠古以來的所有權，從而在帝國主義垂危之時挑戰其餘任何外部勢力的宣稱。這種自遠古以來的所有權，也勝過原居民對土地的所有權。於是，二十世紀最社會主義和世俗的殖民計畫之一，便純粹以神之應許的名義要求獨占土地。就錫安主義定居者而言，對宗教文本的依賴實屬成效斐然，當地的原居民則付出高昂的代價。已過世的普立爾（Michael Prior）在最後出版的傑作《聖經與殖民主義》（*The Bible and Colonialism*）便說明，各種類似的計畫是怎樣以和殖民巴勒斯坦如出一轍的方式在全球各地推行。[27]

以色列在一九六七年占領約旦河西岸和加薩走廊之後，為了相似的目標，也一直持續利用《聖經》。先前提過的亞隆便利用《聖經》作為正當理由，從鄰近的巴勒斯坦城鎮希伯崙的人民手中徵收土地，在其上建設名為奇列亞巴（Qiryat Arba）的猶太城鎮。奇列亞巴很快便成為更認真地將《聖經》視為行動指南者的溫床。他們選擇性地挑出《聖經》裡的某些章節和字句，因為在他們眼中，這些字句都是驅逐巴勒斯坦人的正當理由。只要占領仍然存在，壓迫被剝奪土地的人民的殘暴政權就會繼續肆虐。這種從宗教文本裡取得政治正當性的手法能夠引起狂熱，造成危險的後果。舉例來說，《聖經》裡便曾提及種族清洗：亞瑪力人最終便被約書亞所滅。[28]如今仍有些人（幸好只有少數狂熱份子）不只將巴勒斯坦人，更將在他們眼中不夠猶太的人都視為亞瑪力人。[29]

與之相似的是，以上帝之名進行的種族清洗也在猶太教逾越節（Passover，希伯來語為 Pesach）的哈加達（Haggadah）中提及。在逾越節晚宴（Seder）儀式中的主要故事裡，[30]上帝派摩西和以色列人前往異族居住的土地，眼見合適便加以占有——對於大部分的猶太人來說，這當然不是什麼諭令。它是文學文本，而不是戰爭指南。然而，新派的猶太教彌賽亞主義思想卻能借題發揮，例如在一九九五年，拉賓（Yitzhak Rabin）遭到暗殺，以及在二〇一五年夏，首先是一個青少年、而後是一個嬰兒及其父母分別在兩樁暴力事件中被活活燒死。對於因為試圖反抗以色列而死的巴勒斯坦人，二〇一五年上任以色列司法部長的夏克德（Ayelet Shaked）也抱持類似看法：她表示，他們的所有家庭成員都該「追隨那些孩子，沒有什麼比這更公正。他們應該消失，他們豢養蛇蠍之輩的住所也該消失，不然會養出更多的蛇。」[31]這暫且只是對未來的警示。從一八八二年開始，如我們所見，《聖經》一直以來都作為支持掠奪的正當理由。然而，在一九四八年至一九六七年的以色列國創立初期，對《聖經》的引用有消停之勢，只為錫安主義運動的右翼邊緣份子所用，以合理化他們將巴勒斯坦人視為次等人類及猶太人世敵的想法。一九六七年占領約旦河西岸和加薩走廊後，在國家宗教黨（Religious National Party，或稱 MAFDAL）中逐漸茁壯的彌賽亞主義基要派猶太教徒把握了機會，將他們的幻想化為實地行動。無論以色列政府准許與否，他們在新占領的疆土上隨處定居；他們在巴勒斯坦領土上建立了孤立的猶太社群，開始表現得好像他們持有所有的土地。

一九六七年後的定居運動是忠信社群中最好戰的派別，他們利用了以色列統治西岸和加薩走廊造成的特殊情勢，以宗教文本的名義肆無忌憚地四處掠奪、犯下暴行。占領區依軍事緊急條例治理，以色列的法律在此並不適用；然而，這套軍法制度也不適用於定居者身上，換言之，他們在各種層面上都不受到這兩套司法系統的制裁。他們在希伯崙和耶路撒冷的巴勒斯坦社區中強行定居，將巴勒斯坦的橄欖樹連根拔起，並放火讓巴勒斯坦的田園付之一炬，這一切都被視為在「以色列地」定居這項宗教義務的一部分，從而得到正當的理由。

但是，定居者對《聖經》中訊息的暴力解讀並不限於占領區。為了擾亂當地在過渡時期實施多年的脆弱權宜政策，他們開始向以色列境內的阿拉伯猶太混居城鎮的核心推進，例如阿克雷、雅法（Jaffa）和拉姆拉（Ramleh）。定居者進入這些一九六七年前以色列邊境內敏感地點的動作，極可能會（以《聖經》之名）破壞了這個猶太國家與其巴勒斯坦少數族群之間已然緊張的關係。

在《聖經》中定下而為錫安主義者開墾聖地所提供的最後一個理由，是世界各地的猶太人，特別是在納粹大屠殺之後，需要找到一個安全的避風港。然而，即便此一理由為真，也可以找到一個不限於《聖經》地圖、也不必剝奪巴勒斯坦人土地的解決方案。不少知名人士，例如聖雄甘地（Mahatma Gandhi）和曼德拉（Nelson Mandela），都曾表態支持這個立場。這種看法提出的建議如下：巴勒斯坦人應該被徵詢，是否同意提供受迫害的猶太人一個避風港，並和原居民共存，而非取而代之。然而，錫安主義運動將此類提議視為邪說。

當猶太哲學家布伯（Martin Buber）請求聖雄甘地支持錫安主義計畫時，甘地早已看出「和原居民共同定居」與「直接驅離原居民」兩者之間的差異。一九三八年，本—古里安要求布伯對數位知名的道德領袖施壓，讓他們公開表態支持錫安主義。他們認為，甘地作為反帝國主義的非暴力國族抗爭領袖，他的認可會格外有用，因而準備利用他對布伯的尊敬來達成目的。在巴勒斯坦原居民針對英國政府親錫安主義政策的一起大型反抗事件之中，甘地於一九三八年十一月十一日在《神之子》（*Harijan*）雜誌上發表了一篇廣被流傳的社論，其中可見他對巴勒斯坦和猶太問題的主要立場聲明。在文章之始，甘地表示，因猶太人數世紀以來遭遇的不人道對待和迫害，他的憐憫之心與猶太人同在。但他補充道：

> 我的同情沒有使我對正義的索求視而不見。為猶太人建立民族家園的呼聲並不太能說服我。對於此事的認可，人們既在《聖經》裡尋求，也在猶太人渴望返回巴勒斯坦的執念中尋求。他們為何不該像地球上其他民族一般，將他們出生和謀生的家園當作國家？[32]

甘地於是質疑了政治錫安主義最基礎的邏輯，透過指出「《聖經》概念中的巴勒斯坦並不是一個地理區域」，他駁斥了在應許之地建立猶太民族國家的想法。因此，同時基於政治和宗教理由，甘地並不同意錫安主義的計畫。英國政府對該計畫的支持，更讓甘地對其敬而遠之。對於巴勒斯坦屬於誰，他毫不置疑：

巴勒斯坦屬於阿拉伯人，如同英格蘭屬於英格蘭人，而法國屬於法國人，這是相同的道理。強迫阿拉伯人接受猶太人，並不得當，也不人道……。為了讓巴勒斯坦部分或全部回歸到猶太人手中，作為他們的民族家園，而去驅離有自尊的阿拉伯人，這無疑是違反人道的罪行。[33]

從道德立場到政治現實主義，甘地對巴勒斯坦問題的回應包括了不同層面的含義。有趣的是，他堅信政教不可分離的同時，卻也始終強烈地拒斥錫安主義中的文化與宗教國族主義。以宗教理由要求建立一個民族國家，完全沒有在任何意義上說服他。布伯回應了這篇文章，試著為錫安主義辯護，但甘地顯然已經受夠了，兩人之間的書信往返也漸漸止息。

確實，錫安主義為其運動自身所索求的地區，並不是以解救受壓迫猶太人的需要而畫下的，而是以「能實際拿下越大片巴勒斯坦土地和越少原居民越好」的希望而訂定的。清醒而世俗的猶太學者，試圖在將來自遠古的模糊應許翻譯成現世事實時保持「科學態度」。早在英國託管時期猶太社群首席歷史學家狄納堡（Ben-Zion Dinaburg，其希伯來姓氏為狄努爾〔Dinur〕）的手中，這項研究計畫便已開展，並在一九四八年建國後密集持續著。第一章摘自以色列外交部網站的引文，可謂代表了其最終研究成果。狄努爾在一九三〇年代的任務如同往後繼承他衣缽的傳人一般，是必須以科學方法證明：自羅馬時代以來，巴勒斯坦的土地上就存在著猶太人。

倒不是因為有人曾懷疑這種主張。雖然歷史證據顯示，十八世紀時居住在巴勒斯坦的猶太人拒絕了猶太國家的概念，而十九世紀晚期的正統派猶太教徒也曾如此拒絕；但到了二十世紀，這些史實馬上就被拒於門外。狄努爾及其同僚採用統計數據，表示猶太人在十八世紀的巴勒斯坦人口數中不超過百分之二，當作《聖經》應許和當代錫安主義訴求的理由。[34] 這種敘事儼然成為被採信的標準歷史。吉爾伯特爵士（Sir Martin Gilbert）是英國最卓越的歷史教授之一，數年前發表了《阿拉伯－以色列衝突輿圖》（*The Atlas of the Arab-Israeli Conflict*）一書，由劍橋大學出版社出版了好幾版。[35]《阿拉伯—以色列衝突輿圖》從《聖經》時期的衝突開始，理所當然地將該疆域視為一個猶太王國，而兩千年後猶太人從流放中回歸該地。書中開篇的幾張地圖已將整個故事說完：第一張是《聖經》時期的巴勒斯坦；第二張是羅馬人統治的巴勒斯坦；第三張是十字軍東征時期的巴勒斯坦；第四張則是一八八二年的巴勒斯坦。如此說來，在中世紀和第一批錫安主義者到來之間，並沒發生什麼重要的事情。只有當外地人——也就是羅馬人、十字軍和錫安主義者——來到巴勒斯坦時，才值得一提。

以色列當今的教科書也同樣表示，猶太人在這片土地上的權利是基於《聖經》的應許。根據教育部在二〇一四年向以色列所有學校發出的一篇通告：「《聖經》提供了以色列國的文化基礎，我們在這片土地上的權利便錨定其中。」[36]如今，《聖經》研究是課綱中至關重要且比重大幅增加的一部分——尤其著重《聖經》作為遠古歷史紀錄，從而為以色列對該地的主張提供正當理由的角色。《聖經》的故事和以色列國民能從其中學習的教訓，結合了納粹大屠殺以及一九四八年以色列建國相關研究。這封二〇一四年的通告和本—古里安於一九三七年提供皇家皮爾委員會

（Royal Peel Commission，英國為當地逐漸浮現的衝突尋求解方而籌組的調查團）的證據，有著直接的關聯。在一場關於巴勒斯坦未來的公開討論中，本—古里安向委員會成員揮舞著一本《聖經》，大喊：「這就是我們的庫山（Qushan，鄂圖曼帝國的土地登記權狀），我們對巴勒斯坦的權利並非來自《託管憲章》（Mandate Charter），《聖經》才是我們的《託管憲章》。」[37]

當然，從歷史學的角度看來，把《聖經》、歐洲猶太人的遭遇和一九四八年的戰爭放在同一個歷史章節來教授，這一點道理都沒有。然而，就意識形態來說，在我們的時代裡，這三項主題卻被連結在一起，並被灌輸為建立猶太民族國家最基本的正當理由。討論《聖經》在當代以色列的角色，也為我們點出了下一個問題：錫安主義是殖民主義運動嗎？

第四章　錫安主義並非殖民主義

一八八二年，第一批錫安主義定居者抵達時，巴勒斯坦的土地上並非杳無人跡。甚至在第一批猶太定居者到來之前，錫安主義領袖早就知道這項事實了。早期錫安主義組織送往巴勒斯坦的代表團如此向同事彙報：「準新娘貌美如花，但名花早已有主。」[1]「無論如何，當最早的定居者抵達並遇到當地居民時，仍是大吃一驚，把他們當作入侵的異族。在他們看來，原居的巴勒斯坦人侵占了他們的家園。領袖告知他們，當地人並不是原居民，且這些人並沒有土地的權利。所以這些人是個應該、也可以解決的問題。

定居殖民主義的雙生邏輯：汰滅與去人性

這種命題並不罕見：錫安主義是一波定居殖民主義運動，類似於歐洲人殖民南北美洲、南非、澳洲和紐西蘭的數波殖民運動。定居殖民主義和古典殖民主義在三個層面上有所不同。第一，定居殖民政權只有在剛開始時短暫地依賴其母帝國維生。事實上，在許多事例中，例如巴勒斯坦和南非，定居者和在初期支持他們的帝國強權並不屬於同一個國家。他們往往被帝國割捨而重定義為一個新的民族國家，而有些時候，這是透過發起針對支持他們的帝國的解放抗爭而達成（如同美國獨立革命中發生的一般）。第二項差異，是定居殖民主義由接手異國土地的渴望所推動，而古典殖民主義只是貪求新領地的自然資源。第三項差異，則涉及兩者對待其定居目的地的方式。與為帝國或殖民母國服務而推行的傳統殖民計畫相異，定居殖民主義者算是某種難民，他們尋求的不只是一個家，而是一個家園。問題就在於這些新的「家園」早有其他人居住。作為回應，定居者社群會根據宗教或所有權提出主張，表示這片新的土地原本就屬於他們，儘管除了錫安主義，他們不會聲稱自己數千年前曾在當地居住過。在許多事例中，為了克服這種障礙，對當地原住民進行種族清洗是種被接受的手法。[2]

沃爾夫（Patrick Wolfe）是研究定居殖民主義的主要學者之一，他主張定居殖民計畫的動機，是他所謂的「汰滅邏輯」（logic of elimination）。此一概念意味著定居者會發展出必要的道德正當理由以及實際手段來移除原居民。沃爾夫指出，這種邏輯有時會造成實際的種族滅絕，有時則會導致種族清洗，或是出現拒絕讓原居民擁有任何權利的壓迫政權。[3]我要補充，另一種邏輯也滲透了「汰滅邏輯」：去人性邏輯（logic of dehumanization）。自己身為歐洲迫害的受害者，你必須先去除一整個當地民族或社會的人性，才會願意對其他人類做出一樣或更糟的事。

這對雙生的邏輯，導致定居殖民運動殲滅了美洲各個民族和文明。南美和北美原住民被屠殺，被逼轉信基督宗教，最後被拘限在特定的保留地中生活。類似的命運等著澳洲的原住民和紐西蘭的毛利人，而後者在程度上稍微和緩一些。在南非，殖民的過程以強加在當地人身上的種族隔離制度告終，而一個更複雜的制度則在阿爾及利亞人身上實施了約一世紀之久。

因此，錫安主義不能說是自成一格，它不過是廣泛殖民過程的另一個範例。這對於我們該如何理解這項殖民計畫背後的陰謀以及如何詮釋巴勒斯坦人的抵抗這兩者，都相當重要。若有人堅稱巴勒斯坦只是一片無人之地，等待著一個無土之族，巴勒斯坦人便被剝奪了任何自保的理由；他們為了保住土地所做的一切努力，都會變成針對土地正當所有者的毫無根據暴行。正因如此，所以很難區隔以下兩個問題：一是錫安主義能否視為殖民主義，另一則是巴勒斯坦人能否視為被殖民的當地居民。這兩者其實相互連結，必須放在同一個分析中討論。

巴勒斯坦人的反應：從善意到抗爭

以色列的官方敘事或建國神話，拒絕讓巴勒斯坦人擁有一丁點的所有權，去抵抗猶太人從一八八二年起對他們家園的殖民。打從一開始，巴勒斯坦人的抵抗，就被描繪成是由對猶太人的仇恨所煽動的。從第一批定居者抵達開始、一直持續到以色列建國為止，他們的抵抗被指控推動了各式各樣的反猶太恐怖運動。然而，早期錫安主義者的記事中卻有不同的說法。這些記事裡全是各種軼事，顯示巴勒斯坦人是如何款待定居者，給予他們住所，也在許多情況下教導他們如何耕地。[4]直到定居者並不是來和當地居民共生、而是取而代之的事實變得清晰時，巴勒斯坦人的抵抗才於焉起始。這波抵抗運動初起頭時，很快就採取了其他任何反殖民抗爭的模式。

窮苦的猶太人應得一個安全避風港的想法，並未遭到巴勒斯坦人及其支持者的反對。然而，錫安主義領袖並未對此做出互惠的回應。雖然巴勒斯坦人為早期的定居者提供了住所和工作，也不反對和他們並肩勞動，不管雇主是誰，然而，錫安主義理論家的態度卻很明確：巴勒斯坦人必須被趕出該地的勞動力市場，而且，仍然雇用巴勒斯坦人或和他們一起工作的定居者也必須被制裁。這便是 avoda ivrit（希伯來語，意思為「希伯來勞動力」）的概念，主要意味著他們必須結束 avoda aravit（希伯來語，意思為「阿拉伯勞動力」）。沙非爾在他關於第二代阿利亞（一九〇四年至一九一四年的第二波錫安主義者移民潮）的開創性著作中，精闢地解釋了這種意識形態的發展和實踐。[5] 這波移民潮的領袖本—古里安（他不僅成為社群領袖，而後更擔任以色列總理）始終將阿拉伯勞動力視為弊病，唯有猶太勞動力才是解方。在他和其他定居者的信件裡，希伯來工人被喻為活血，能讓國家免疫於死亡和腐敗。本—古里安也曾說道，雇用「阿拉伯人」讓他想到一則猶太老故事：一個愚夫救醒了一頭死獅子，而那頭獅子隨即就將他生吞活剝。[6]

在英國統治時期（一九一八年至一九四八年），巴勒斯坦人最初的正面反應讓一些定居者感到困惑。殖民主義的趨力本應致使他們忽略當地人口，創建封閉的社群。然而，真實生活提供了不同的機會。大量證據顯示，新抵達的猶太人和本地原居人口幾乎在每個角落都共存且合作。至少在經濟上，猶太定居者若不和巴勒斯坦人打交道便無法生存，在各城鎮中心尤為如此。在那些年間，即便錫安主義領導階層數度嘗試干擾這些互動，但在猶太人和巴勒斯坦人之間，除了商會和農業的合作，還創建了數百家聯合企業。然而，由於沒有上層的政治支持，巴勒斯坦並無法開拓另一條通往不同現實的道路。[7]

同一時間，隨著錫安主義運動變得更加激進，巴勒斯坦的政治領袖對這些合作的敵意也逐漸增長。巴勒斯坦的政治、社會和文化菁英慢慢地瞭解到，錫安主義其實是個殖民計畫，這也增強了他們的國族認同，藉以對抗定居者。最終，來自巴勒斯坦上層的壓力，也中止了雙方的合作與互動。在幾個巴勒斯坦城鎮形成的小型穆斯林和基督徒聯合社團中，巴勒斯坦政治運動逐漸興起。這個社團的指導原則主要是現代且世俗的，但在其上又加入阿拉伯世界整體的雙重關切：結合（在第二次世界大戰後日趨茁壯的）地方愛國主義的一種泛阿拉伯概觀。

巴勒斯坦對自己命運的主張

泛阿拉伯民族主義的第一次爆發發生於十九世紀下半。隨之而來的是將鄂圖曼世界轉型的希望，成為一個與美利堅合眾國雷同的獨立阿拉伯國家，或者像奧匈帝國一般成為阿拉伯鄂圖曼帝國。事實證明，由於英法兩國希望能自己瓜分鄂圖曼轄下的中東地區，這波思潮根本無法抗衡英法的帝國利益，因此，順應著鄂圖曼帝國行政區畫和殖民強權對該地區的畫分所創建的地圖，民族主義發展出一種更在地化的版本。如同第一章提到的，第一波阿拉伯民族主義思潮稱為 qawmiyya，其在地化的版本則稱做 wataniyya。巴勒斯坦社群在兩者之中都扮演了某種角色。社群中的知識份子不僅和許多尋求阿拉伯統一、獨立和民族自決的組織與政治運動往來，還是它們的成員。與此同時，甚至早在英國藉由其他歐洲強權的協助，界定出一塊稱做「巴勒斯坦」的地理政治區域之前，巴勒斯坦人的習俗、自己的阿拉伯語方言和共享的歷史，便已清楚顯示巴勒斯坦民族的存在。

十九世紀晚期，當錫安主義者抵達巴勒斯坦之時，這兩種思潮都仍在巴勒斯坦社群裡發酵。許多知識份子和行動家都夢想著一個聯合的阿拉伯共和國；其他人則被「大敘利亞」（Greater Syria）的概念吸引——他們希望大馬士革會是這個新國家的中心，而巴勒斯坦是其中一部分。當英國人來到此地，而國際社群也透過國際聯盟開始討論巴勒斯坦的未來時，巴勒斯坦的名流雅士發行了一本名為《南敘利亞》

（*Southern Syria*）的期刊，甚至考慮以此為名籌組政黨。[8]一九一九年，時任美國總統的威爾遜（Woodrow Wilson）為了瞭解巴勒斯坦人的願望而派出金─克萊恩調查團（King-Crane Commission），也同樣發現大多數人希望這片領土能夠獨立。

無論是泛阿拉伯主義者、在地的愛國人士，或是想成為大敘利亞一部分的人，巴勒斯坦人都是團結一致地不願成為猶太國家的一部分。對於任何會將這個蕞爾小國的任何一部分交給定居者社群的政治解方，他們的領袖都表示反對。一九二〇年代末期，在和英國人的談判之中，他們清楚地聲明了自己願意和已經抵達的定居者共享土地，但無法再接受更多人加入。[9]在一九一九年後的十年間每年都召開的巴勒斯坦民族大會（Palestinian National Conference）的執行機構中，巴勒斯坦人的集體發聲清晰成形。在和英國人以及錫安主義運動的談判中，這個機構代表了巴勒斯坦人民。不過，在這之前，英國人早已嘗試在雙方之間推動一項平等協議。一九二八年，巴勒斯坦領導階層不顧大多數人民的全體願望，同意並應允猶太定居者在未來成立的國家各級機構中享有平等的代表權。錫安主義的領導階層之所以會支持這種作法，是因為他們料想巴勒斯坦人一定會回絕。共享代表權和錫安主義的原則大相逕庭，因此，當巴勒斯坦方接受了這個提案，錫安主義者馬上就拒絕了。這導致一九二九年的騷亂，包括希伯崙的猶太人遭到屠殺，以及巴勒斯坦社群中更大量的傷亡。[10]不過，在這波自託管時期開始以來最嚴重的暴力事件的背後，還有其他原因。引發這波衝突的，是巴勒斯坦佃農被逐出土地，這些土地本由外地地主和本地政要持有，而後則被猶太國家基金買下。佃農在這些土地上生活了數世紀，一朝就被迫遷往城鎮中的貧民窟。在位於海法東北部的一個貧民窟裡，被放逐的敘利亞教士加薩姆（Izz ad-din al-Qassam）招募了他的第一批追隨者，在一九三〇年代早期對英國人和錫安主義運動發動一場伊斯蘭聖戰。哈瑪斯的一支軍事側翼採用了他的名字，保存了他的傳承。

一九三〇年之後，巴勒斯坦領導階層經由制度化而成為阿拉伯高等委員會（Arab Higher Committee），這個機構代表了巴勒斯坦社群中的所有政黨與政治運動。直到一九三七年，該機構持續嘗試與英國政府達成妥協，但當時錫安主義者和帝國主義者已不再在乎巴勒斯坦的觀點，單方面地直接決定了該地的未來。到了這時，巴勒斯坦民族運動已將錫安主義視為一個必須擊倒的殖民計畫。然而，到了一九四七年，在英國決定將這個難題交由聯合國解決之時，巴勒斯坦方和其他阿拉伯國家建議，在巴勒斯坦成立單一民族國家以取代託管政權。對於巴勒斯坦的命運，聯合國在經過七個月的審慎評估後，必須在兩個選項之間抉擇：巴勒斯坦方建議的單一國家，他們會接受現存的猶太定居者，但不會允許進一步的錫安主義殖民；另一方則建議將該地分割為一個阿拉伯國家和一個猶太國家。聯合國偏好後者，因此他們對巴勒斯坦人發出的訊息如下：你們無法和定居者在同一片土地上共同生活——你們能指望的，就只有搶救一半的土地，然後把另一半讓給定居者。

罪狀僅次於希特勒的侯賽尼？

因此，錫安主義可視為定居殖民運動，而巴勒斯坦民族運動則是反殖民運動。在這樣的脈絡裡，我們便能從一個與常規史實敘事相異的視角，來理解巴勒斯坦社群領導者侯賽尼（Haji Amin al-Husayni）在第二次世界大戰前和戰爭中期的行為和政策。如許多讀者所知，以色列方始終不斷宣傳的一項常見指控為「巴勒斯坦領袖是納粹支持者」。這位耶路撒冷的伊斯蘭教法官確實不是天使。他在非常早年就被巴勒斯坦名流和英國人選中，擔任該社群最重要的宗教職位。侯賽尼在英國託管時期（一九二二年至一九四八年）擔任的教法官職位，讓他擁有政治權力和社會地位。

他試著帶領巴勒斯坦社群對鎮錫安主義的殖民，並在一九三〇年代加薩姆等人推動武裝抗爭之時，成功將大多數的巴勒斯坦人導向非暴力的選項。即便如此，當他支持以罷工、示威遊行和其他手段來改變英國政策時，也已然變成大英帝國的仇敵，必須在一九三八年逃離耶路撒冷。[11]在這樣的情勢下，他被迫投向敵人的敵人——也就是義大利和德國的雙臂之中。在他於德國接受政治庇護的兩年期間，他被納粹主義思想影響，並混淆了猶太教與錫安主義之間的區別。他志願擔任納粹的電台宣傳人員，還協助招募巴爾幹半島的穆斯林投入德軍戰線，這無疑玷污了他的生涯。但他的行為，其實就和在一九三〇年代為反對大英帝國而與納粹站在同一陣線的錫安主義領袖、或其他希望擺脫帝國而與其要敵結盟的反殖民運動者一樣。

一九四五年，戰爭結束時，這位伊斯蘭教法官陡然清醒，並試圖在巴勒斯坦大浩劫（Nakbah）前夕組織巴勒斯坦人，但那時他早已喪盡一切權力，而他所屬的、由鄂圖曼帝國下的阿拉伯城市名流組成的政治世界，也早已蕩然無存。若他真該承受批評，也不該是為了他因錫安主義所犯下的那些錯誤，而是他對巴勒斯坦農民的困境缺乏憐憫心，以及他和其他政要的分歧削弱了這波反殖民運動。因此，他在美國錫安主義者出版的《納粹大屠殺百科全書》（*The Encyclopedia of the Holocaust*）中的條目長度竟會僅次於希特勒，實在是一點道理都沒有。[12]不過，最終看來，他的錯誤和成就，對巴勒斯坦歷史的走向並沒太大的影響。在戰爭結束時，他被同盟國赦免而未被當作戰犯對待，他被允許回到埃及，而不是巴勒斯坦。

雖曾犯下許多過錯，他在一九三八年逃離巴勒斯坦之前及其後的流亡生涯中，確實領導了一波反殖民的解放運動。他作為伊斯蘭教法官的身分並沒有什麼特殊意義，雖然他也相信宗教應該被納入針對覬覦著他的家園、威脅了人民生存的殖民運動的抗爭之中。一些反殖民運動，諸如阿爾及利亞的民族解放陣線（FLN，全稱Front de libération nationale），以及阿拉伯世界許多在第二次世界大戰後為了從義大利、英國和法國獨立而奮鬥的解放運動，都和伊斯蘭有著強烈的連結。無論是這位伊斯蘭教法官，或是諸如加薩姆（一九三五年被英國人殺害並埋葬在海法近郊）的其他領袖，他們之所以選擇訴諸暴力，其實在反殖民抗爭的歷史上都不算特例。南美洲和東南亞的諸解放運動組織都不信奉和平主義，並如同對政治進程的信仰般篤信武裝抗爭。要是這位伊斯蘭教法官有機會能回到巴勒斯坦，他便會意識到，錫安主義不只是一項成功的定居殖民計畫，更重要的是，當時的錫安主義正處在攸關存亡的最關鍵計畫前夕。

只占巴勒斯坦百分之七土地、三分之一人口的以色列國

截至一九四五年，錫安主義吸引了超過五十萬定居者來到這個原居人口數約兩百萬的地區。有些定居者前來時已取得託管政府的批准，有些則沒有。沒人徵求過本地原居民的意見，而他們反對將巴勒斯坦變成猶太國家的意見也沒人在乎。雖然定居者成功創建了一個國中之國——所有必要的基礎建設都已建造——但在兩個層面上卻可謂失敗。他們僅購買了百分之七的土地，這不足以讓他們在未來建立國家；他們的人口仍居少數——只占該地區的三分之一人口，但他們想要的是專屬自己的國家。

如同所有先前的定居殖民運動，這些問題的解答就是汰滅和去人性的雙生邏輯。定居者若要擴張他們所握有的、少於百分之七的土地，且要保證他們在人口統計上占有絕對多數，唯一的方式便是將原居民從他們的家園移除殆盡。因此，錫安主義是一個定居殖民計畫，且是個尚未完成的計畫。就人口統計而言，巴勒斯坦仍不完全屬於猶太人，而儘管以色列以各種手段對其握有全盤的政治控制，以色列國

的殖民仍在進行著——持續在加利利、內蓋夫（Negev）和約旦河西岸建造新的殖民地，以增加猶太人的數量——同時剝奪著巴勒斯坦人的權利，也繼續拒絕承認這些原居民對他們的家園擁有任何的權利。

第五章　巴勒斯坦人在一九四八年自願出走

在此，我們將檢驗與這項假設相關的兩個問題。首先：對巴勒斯坦人民的驅逐是否刻意為之？再者：一九四八年戰爭[1]前夕，巴勒斯坦人民是否真如錫安主義塑造的迷思一般，經由號召而自願離開他們的家園？

「轉移巴勒斯坦人民」是什麼意思？

馬薩哈（Nur Masalha）的《巴勒斯坦人民的放逐》（*Expulsion of the Palestinians*）分析了「轉移人民」的想法在錫安主義思想中的核心地位，在我看來相當可信。[2]無論是透過協議或武力，在錫安主義領導人和理論家的設想中，若不擺脫當地原居民，便無法成功實踐他們的計畫。為了強調這個論點，我將在此補充一些引文。近期來說，包括夏皮拉（Anita Shapira）等支持錫安主義的歷史學家在多年的否認之後，已經接受了他們心中的英雄（也就是錫安主義運動的領導者）其實是在深思熟慮後才轉移巴勒斯坦人民的。不過，他們緊抱著當時混淆了「強制」和「自願」轉移的事實。[3]確實，錫安主義的領袖和學者在公開會議中曾討論過透過協議的方式轉移人民。但即便是這些說詞，都揭露了一個殘酷的事實：根本就沒有自願轉移這回事。這只是在咬文嚼字罷了，無法付諸實現。

卡茨納爾遜（Berl Natznelson）算是一九三〇年代最重要的錫安主義學者之一。他被視為錫安主義運動的道德良心。他對轉移人民的支持立場毫不含糊。在英國發表其首篇重要的和平提案不久後，錫安主義第二十次大會召開，他在會場上強烈地表達了他對這個想法的支持。他告訴與會者：

> 我心中的是非標準全然清楚。近敵不如遠鄰。把他們移走，對我們和他們來說會是雙贏局面。歸根結柢，這對雙方來說都會是一個有益無害的政治改革。我長久以來一直都確信這是最好的解方……且必須盡快發生。[4]

當他得知英國政府正在商討讓巴勒斯坦人在巴勒斯坦境內移居的可能性時，他顯得相當失望：「把他們往『巴勒斯坦之內』轉移，就是把他們移居至示劍（奈卜勒斯）地區。我相信他們的未來應該是在敘利亞和伊拉克。」[5]

在那段日子裡，諸如卡茨納爾遜的領導者希望英國人能夠說服或勸誘原居人口，讓他們離開。一九三七年十月，本—古里安寫了一封信給他的兒子阿莫斯（Amos），在這封惡名昭彰的信中，他已經瞭解到可能必須動武。[6]同年，本—古里安公開支持卡茨納爾遜，並表示：

若把阿拉伯人從計畫中的猶太國家山谷裡強制移走，將會帶給我們那些即便在第一和第二聖殿的年華裡獨自佇立時，都從未有過的美好……。我們被給予了即便在我們最狂放的想像中都不敢夢想的機會。不僅僅是國家、政府或主權而已——而且是在自由的家園裡，整個民族的團結。[7]

與此類似，他在一九三七年對錫安主義議會表明：「要在這個國家的許多地區定居，一定得把阿拉伯農民移走。」而他也希望英國人能完成此事。[8]但是，無論英國人是否參與，對於錫安主義未來在巴勒斯坦的計畫，本—古里安已明確表達了要將人趕到哪裡，他在同年寫道：「若採取強制轉移，就可以有更廣大的區域供我們定居……。我支持強制轉移。我看不出這有什麼不道德的。」[9]

二〇〇八年，一名以色列記者回顧了過去的這些說法並總結道，在七十年後的今日，它們對許多以色列人來說仍然說得通。從一九三七年以來，對巴勒斯坦人的驅離，確實屬於這個當代猶太國家錫安主義基因的一部分。[10]然而，這並不是個簡單的過程。事實證明，要說服巴勒斯坦人民離開，是不可能的；本—古里安和其他領導人謹慎思考下一步該怎麼做。但除此之外，他們也沒提出任何明確的政策。本—古里安只願意表示他不反對武力轉移，但在這個歷史性的關頭上，他並不將其視為必然。

這種矛盾心態引起卡茨納爾遜的注意。一九四二年，在一次公開會議上，一些認為本—古里安已經放棄轉移巴勒斯坦人的左派錫安主義領導者，詢問了他對此事的看法。他回應：「就我瞭解錫安主義意識形態的程度來說，（轉移）此事是實現錫安主義的一部分，這種錫安主義的觀念是將人民從某國轉移到另一國——一種透過協議的轉移。」[11]錫安主義運動的領導者本—古里安以及諸如卡茨納爾遜的其他學者，都公開支持他們所謂的自願轉移。本—古里安說道：「比起轉移其他人，轉移阿拉伯人要簡單得多，因為這個地區已有其他阿拉伯國家。」他也補充，對巴勒斯坦人來說，人口轉移可以改善他們的境況（他並未說明原因）。他建議把他們轉移到敘利亞，同時也一直論及自願轉移。[12]

然而，這並不是一個誠實的立場，也不是一個可能的立場。實際上，除了動用強制力之外，這些領袖和學者的同僚看不出其他可以達成人口轉移目的的方式。一九三八年六月，在猶太事務局執行委員會（Jewish Agency Executive）一次專門討論人口轉移的閉門會議裡，被召集的成員，包括本－古里安、卡茨納爾遜、夏利特（Moshe Sharett）[13]和烏西什金（Menachem Ussishkin）[14]，都支持強制轉移。卡茨納爾遜試著解釋他口中的強制是什麼意思：「強制轉移意味著什麼？是在違背阿拉伯國家意願的情況下進行轉移嗎？若是如此違背意願，世界上是沒有任何力量能做到這種轉移的。」[15]他解釋，「強制」的意思是要「克服巴勒斯坦人民本身的抵抗」：

> 你若要和每一個阿拉伯村莊和每一個阿拉伯人達成人口轉移的協議，就永遠無法解決問題。我們一直都在轉移個別的阿拉伯人，但問題是要如何在和阿拉伯國家達成協議的狀況下，轉移大批的阿拉伯人。[16]

這就是把戲之所在。這段談話討論的是自願轉移，採用漸進式的策略，直到大規模轉移的契機在一九四八年出現。就算你接受莫里斯（Benny Morris）在《巴勒斯坦難民問題的誕生》（*The Birth of the Palestinian Refugee Problem*）中的論點，亦即實際上，人口轉移是漸進式的，而不是大規模的，但無論是如何漸進，在達到一定的數量後，結果仍是大規模的種族清洗——下文會再談到更多。

從一九三八年六月會議的那幾分鐘裡，我們能夠得知，在自願轉移的話術中所意味的，其實就是強制轉移。本—古里安表示若實行強制轉移，特別如果是讓英國人實行，「將會是猶太人定居巴勒斯坦的歷史上最偉大的成就」。他補充道：「我支持強制轉移；我看不出這有什麼不道德的。」著名的錫安主義領袖暨學者烏西什金補充：「將阿拉伯人轉移出巴勒斯坦並安置在更好的生活條件下，是最合乎道德的作法。」他暗示，這或許就是《貝爾福宣言》背後的邏輯。此外，對轉移人數和實行方法的討論也立即展開。這些事項直至一九四八年才塵埃落定，但其基礎在這場一九三八年的會議中便已打下。只有非常少數的與會者反對強制轉移。敘利亞是他們優先考慮的目的地，也希望能在第一波轉移中遷移至少十萬名巴勒斯坦人。[17]

巴勒斯坦人因為受到驅離、威嚇及恐懼而離開家園

第二次世界大戰期間，錫安主義社群暫停了關於人口轉移的討論，將注意力集中在增加猶太移民數量以及建國計畫上。在英國撤出巴勒斯坦的計畫越來越明顯之時，相關討論才重新開啟。英國在一九四七年二月宣布決定撤出巴勒斯坦，我們可以看到，那時也出現更多關於武力人口轉移的討論。在《巴勒斯坦的種族清洗》（*The Ethnic Cleansing of Palestine*）中，我分析了這些一九四七年的相關討論是如何演變為在一九四八年三月大規模驅離巴勒斯坦人民的大計畫，亦即達萊特計畫（Plan Dalet，簡稱D計畫），在本章下文，我會再回到這個主題。然而，多年來，以色列的官方說法從未變改：巴勒斯坦人之所以會成為難民，全是因為他們自己和阿拉伯世界的諸領袖指使他們在阿拉伯軍隊入侵且驅離猶太人之前，先行離開巴勒斯坦，因為在這之後，他們便能回歸故土。但其實根本不曾有過這樣的號召——這是以色列外交部發明的迷思。在一九四八年戰爭餘波中，聯合國立即短暫地嘗試實現和平，而以色列外交部對此所持的立場，則是「難民已經逃走了」。然而，那次和平

進程（在一九四九年上半持續了幾個月）是如此短暫，以色列因而從未被要求為這項宣稱提供證據，而多年以來，這項難民問題也從國際討論中被抹去。

多虧《國土報》（*Haaretz*）獨立記者哈茲卡尼（Shay Hazkani）的嘔心瀝血之作，我們最近得以知道，要求證據的呼聲出現在一九六〇年代初期。[18]根據他的研究，甘迺迪（John F. Kennedy）於華府上任初期，美國政府便開始對以色列施加壓力，要求以色列允許一九四八年的難民回到家園。從一九四八年以來，美國官方的立場都一直支持巴勒斯坦人有權回歸。事實上，早在一九四九年，美國人便已施加壓力要求以色列召回難民，並因這個猶太國家拒從而對其加以制裁。然而，這波壓力只是短暫的，隨著冷戰日趨激烈，美國人對該問題也失去了興趣，直到甘迺迪掌權（他也是最後一個拒絕提供以色列大量軍援的美國總統；在他被暗殺後，軍援的供應堪稱源源不斷——這樣的事態發展也讓電影導演史東〔Oliver Stone〕在《誰殺了甘迺迪》〔*JFK*〕中暗示以色列可能涉及謀殺事件）。

甘迺迪政府在這方面採取的最初行動之一，是在一九六一年夏的聯合國大會中積極參與關於此一主題的討論。時任以色列首相的本－古里安慌了。他堅信，在美國的庇蔭之下，聯合國可能會強制以色列召回難民。他希望以色列學者能進行研究並證明巴勒斯坦人是自願離開的，也為此與當時以色列學界裡首屈一指的中東研究中心西羅亞研究所（Shiloah Institute）接洽。這項任務被託付給一位資淺的研究員葛白（Ronni Gabai）。他被允許取用機密文件，並做出以下結論：巴勒斯坦人受到的驅離、恐懼和威嚇，是造成他們大規模出走的主要原因。而他並沒有找到任何阿拉伯領導階層呼籲巴勒斯坦人為軍隊入侵讓道而離開的證據。然而，這裡出現了一個謎。方才提到的結論，出現在葛白以此為題的博士論文裡，而且在他的記憶中，這篇論文也正是他呈給外交部的那份；[19]然而，哈茲卡尼在研讀相關存檔時，他發現一封葛白呈給外交部的信，裡頭總結了他的研究，並指出阿拉伯的呼籲，才是巴勒斯坦人大規模出走的主要原因。

哈茲卡尼採訪了葛白，他時至今日都堅持自己沒寫過那封信，也堅持信中的內容與他的研究不符。我們還不知道是誰，但確實有人寄出了一封不同的研究摘要。無論如何，本－古里安並不滿意。他認為這份摘要（他沒讀完整篇研究）並未切中要害。他要求他認識的一位研究員盧布蘭尼（Uri Lubrani，日後成為以色列摩薩德情報局〔Mossad〕的伊朗專家之一）進行第二份研究。盧布蘭尼將這份差事轉交給梅佐（Moshe Maoz），他是當今以色列最傑出的東方學家之一。梅佐遞出了研究，於是一九六二年九月，本—古里安便獲得他所謂的「我們的白皮書」，證據確鑿地顯示巴勒斯坦人是受到指使才逃亡。梅佐稍後前往牛津，在已故學者霍拉尼（Albert Hourani）門下研讀博士（其研究主題與此無關）；但在一次採訪中，他表示自己當時的研究所受到的影響，與其說是他曾經參閱的文件，倒不如說是他受到的政治任命。[20]

葛白在一九六一年初查閱的文件在一九八〇年代晚期解密，包括莫里斯和我在內的幾位歷史學家終於初次見到清楚的證據，能夠瞭解究竟是什麼把巴勒斯坦人民從巴勒斯坦驅逐。關於在這一波大驅逐中，計畫和預謀的成分有多少，雖然莫里斯和我沒有共識，但我們都同意阿拉伯和巴勒斯坦眾領袖並未要求人民離開。我們的研究後來稱做「新歷史學者」（new historians）之作，其中重申了葛白的結論，亦即巴勒斯坦人之所以失去其居所和家園，主要是因為他們受到的驅趕、威嚇及恐懼。[21]

莫里斯堅稱，一九四八年五月十五日英國託管政權結束，以色列和進犯該國的阿拉伯聯軍之間戰爭的開始，是他所稱「巴勒斯坦難民問題的誕生」的主要原因。我認為戰爭本身並不是原因，因為成為難民的那些人——數十萬巴勒斯坦人民——其中有半數甚至在戰爭開始前就已經被驅離了。此外，我主張這場戰爭是以色列為了把握驅趕巴勒斯坦人的歷史機會而起頭的。[22]

向巴勒斯坦難民伸出和平之手的以色列？

關於一九四八年的戰爭，「巴勒斯坦人自願離開」的說法並不是唯一錯誤的假設。為了粉飾該年發生的事件，還有三種錯誤的假設時常受到宣傳。第一種，是因為巴勒斯坦人拒絕了聯合國一九四七年十一月提出的分割案，所以發生在他們身上的事情只能怪自己。這種指控忽視了錫安主義運動的殖民主義本質。清楚可見的是，針對巴勒斯坦人的種族清洗，根本無法作為他們拒絕聯合國未曾諮詢自己而設計的和平提案的「懲罰」而被正當化。

另外兩項關於一九四八年的假設，則是以色列與阿拉伯人之間的戰爭猶如大衛王與歌利亞的戰鬥，[23]以及以色列戰後曾向巴勒斯坦人伸出和平之手，但巴勒斯坦人和阿拉伯世界拒絕了以色列的善意。針對前一項假設，研究證明巴勒斯坦人根本沒有任何軍力，而阿拉伯各國也只派出幾隊相對小型的兵團——規模比以色列的兵力小，且其裝備和訓練相較之下更是少得許多。此外，這些兵團被送進巴勒斯坦並不只是為了對以色列宣布建國做出反應，也是為了回應錫安主義者在一九四八年二月早已開展的一系列行動，特別是一九四八年四月在耶路撒冷附近代爾亞辛村（Der Yassin）發生的一場廣為人知的屠殺事件。[24]

至於第三項迷思所稱，以色列國在衝突過後伸出了和平之手，文件則顯示事實正好相反。以色列的領導階層不願妥協，曾清楚地拒絕參與針對託管時期後巴勒斯坦未來的談判，也拒絕考慮讓逃亡或被驅趕的人民回歸。當阿拉伯各國政府和巴勒斯坦眾領袖都有意參與一項更合理的聯合國和平新提案之際，以色列領導階層卻對一九四八年九月猶太恐怖份子暗殺聯合國和平調解專員伯納多特伯爵（Count Bernadotte）的事件視若無睹。一九四八年末，新一波談判開展之時，他們進一步拒絕了巴勒斯坦和解委員會（Palestine Conciliation Commission，簡稱 PCC，此機構取代了伯納多特的職責）採納的任何和平新提案。因此，曾經在一九四七年十一月以三分之二多數通過分治方案的聯合國大會，又在一九四八年十二月十一日無異議通過了新的和平提案，亦即一九四號決議案。此案有三項建議：以更貼近實際地理狀況的方式和巴勒斯坦重新協商分割邊界；讓所有難民完全無條件地返回；將耶路撒冷國際化[25]。[26]

以色列一直不願妥協。歷史學家施萊姆（Avi Shlaim）在《銅牆鐵壁》（*The Iron Wall*）中證明，和「巴勒斯坦人從未錯過任何一個拒絕和平的機會」這項迷思恰恰相反，以色列才是持續拒絕談判桌上所有提議的一方。[27] 一開始，以色列拒絕了敘利亞統治者札伊姆（Husni al-Zaim）針對難民議題於一九四九年提出的和平提議與各種新穎的想法，而後本－古里安又粉碎了納瑟（Gamal Abdel Nasser）在一九五〇年代初期釋放的和平試探。更為人所知的，則是以色列如何在和胡笙國王（King Hussein）一九七二年的談判（由季辛吉〔Henry Kissinger〕居中協調約旦河西岸相關事宜）中拒絕任何變通，以及以色列對埃及總統沙達特（Sadat）在一九七一年提出的警告置若罔聞，亦即若以色列不願對西奈半島事宜進行雙邊協議，沙達特將被迫開戰——他兩年之後確實這麼做了，這也重創了以色列對其國安和堅強兵力的自信。

這些圍繞著一九四八年戰爭的迷思相互結合，描繪出一幅圖像：一個猶太國家克服一切困難而奮戰、向巴勒斯坦人民伸出援手、鼓勵他們留下並提出和平協議，結果卻發現另一方「無人與之為伍」。要顛覆這個假象，最好的方式便是耐心且有條不紊地重說一遍一九四六年至一九四九年間在巴勒斯坦發生的事件。

積極備戰的錫安主義者

一九四六年，倫敦的英國政府認為他們還能在未來的一段時間內保住巴勒斯坦。當年，英國在埃及的國家解放抗爭增強之時，開始將兵力從埃及轉往巴勒斯坦。然而，在歲末寒冬之時，錫安主義的準軍團開始對英軍採取反抗行動並造成緊張局勢升級，且最重要的是，英國撤離印度的決定，為其對巴勒斯坦的政策帶來了戲劇性的轉變。一九四七年二月，英國決定放棄巴勒斯坦。定居者和原居民這兩個社群對這則新聞的反應有如天壤之別。巴勒斯坦社群及其眾領袖猜測，其撤離過程會近似於周圍阿拉伯國家。託管政府可能會逐漸將權力轉移給當地人，並透過民主方式決定當地未來國家的性質為何。然而，錫安主義者對於即將發生的事做了更加萬全的準備。在倫敦政府決定撤離之後，錫安主義領導階層隨即在外交和軍事兩方面整裝待發，為未來的衝突做好準備。

最初的主要關注是外交事務。對此，他們採取的方式是想方設法推翻巴勒斯坦人對該地未來應以民主決定已臻完備的主張。其中一個特別的方法，是將納粹大屠殺和全球猶太人的命運，與巴勒斯坦的猶太定居社群加以連結。錫安主義的外交人員因而能戮力爭取，並說服國際社會：誰應該取代英國控制當地主權的問題，對全世界猶太人的命運至關重要。為了要能更加打動人心，這項政策還與補償猶太人在大屠殺期間遭受的苦難連結。

結果便是一九四七年十一月二十九日聯合國通過的分治方案決議。這份文件是由聯合國巴勒斯坦問題特別調查委員會（UNSCOP）擬定，而該委員會成員對巴勒斯坦問題的背景知識可說是若有似無。分割領土是最佳解方的想法，來自錫安主義運動本身。事實上，委員會成員只聽取了巴勒斯坦人民極少量的意見。在政治上代表巴勒斯坦人民和阿拉伯國家聯盟（Arab League）的機構阿拉伯高等委員會，決議抵制聯合國巴勒斯坦問題特別調查委員會。巴勒斯坦人在自己家園的權利，並不會如伊拉克人和埃及人一般地被尊重，這在彼時已經很清楚了。第一次世界大戰甫結束時，國際聯盟便立刻承認了中東地區所有國家的自決權。然而，聯合國一九四七年的決議案卻將巴勒斯坦人民排除在外（庫德族也是如此），這是一個重大的錯誤，也是造成該地區如今持續發生衝突的主因之一。

錫安主義方提議猶太國家應該建立在八成的巴勒斯坦土地上，而剩餘的領土可以成為一個獨立的阿拉伯巴勒斯坦國，或是移交並附屬於約旦王國之下。也因此，約旦本身對聯合國付出的心力持矛盾態度：一方面，這為它乾荒的王土提供了一個擴張的機會，可以延伸到部分的巴勒斯坦富饒土地；另一方面，它並不希望被當作違背巴勒斯坦人民願望的叛徒。當猶太領導者向約旦的哈希米家族（Hashemites）提出協議時，他們陷入了更加左右為難的困境。在某些程度上，在一九四八年戰爭末期，巴勒斯坦是以這種方式被錫安主義運動和約旦瓜分了。[28]

即便如此，錫安主義對聯合國巴勒斯坦問題特別調查委員會並沒有絕對的掌控權。該委員會在一九四七年二月至十一月間仔細商討解決之道，並修正錫安主義者提出的方案。其中擴大了分配給巴勒斯坦人的區域，且堅持應該成立兩個獨立的國家。他們還暗自希望這兩個國家能形成經濟聯盟並訂定共同的移民政策，且雙方人民若有意願，便該能在對方國家享有投票權。如解密文件所揭露，錫安主義領導人接受了新版地圖和聯合國提供的條款，只因他們知道對方已經拒絕了這份提案。他們也明白，領土的最終分割，並不會是經由委員會議室中的協調，而是由實地行動而訂定。[29]最重要的結果是要能讓這個猶太國家在國際上獲得正當性，包括未來立國時的邊界畫定。我們從事後能瞭解到，在安排建國事項時不去處理邊界畫定，從一九四八年錫安主義領導階層的角度看來，他們的確是選擇了正確的策略。

從一九四八年五月託管時期結束到分治方案誕生之間，這些領導人並沒有閒著。他們必須保持積極。在阿拉伯世界，各國政府持續受到對新猶太國家動武的壓力。同時，在巴勒斯坦的土地上，當地的準軍事團體正試著阻止把他們的家園變成猶太國家的國際決策，於是發動攻擊，主要是針對猶太人的交通設施及其孤立的殖民地。但這些片刻的抵抗十分有限，並在聯合國宣布分治方案後的數週間便逐漸消逝。於此同時，錫安主義領導階層在三方面分別採取了行動。第一個層面是針對阿拉伯國家軍事入侵的可能性，做好抵禦的準備。這也確實發生了，而我們現在能瞭解到，當時的猶太軍隊，得益於阿拉伯軍隊缺乏真正的預備、作戰目的與協調。阿拉伯政治菁英仍不太情願干涉巴勒斯坦事務。他們和約旦達成心照不宣的共識，讓約旦接管巴勒斯坦的部分領土（而後的約旦河西岸地區）以換取有限程度的參戰。這也被證明是造成權力平衡的關鍵因素。約旦軍隊是阿拉伯世界中訓練最精良的軍隊。

從外交層面看來，一九四八年二月和三月是錫安主義運動最緊張的時刻。儘管實地派任了使節，聯合國仍意識到其一九四七年的分治方案未臻完美。這份方案成為當時暴力衝突爆發的主要原因，而未為該地帶來平靜和希望。根據報導，雙方已有死傷，也已有巴勒斯坦人被迫離開家園。雙方都對彼此的公眾交通設施發動攻擊，而在阿拉伯人和猶太人混居的城鎮裡，雙方社區的分界線上也發生了持續數日的小規模武力交鋒。時任美國總統的杜魯門（Harry Truman）同意重新思考分治方案，並提出了新的方案。藉由派駐聯合國的使節，他提議由國際代管巴勒斯坦全境五年，以此換取更多找尋解方的時間。

這個舉措因既得利益團體的干涉陡然而止。美國的猶太遊說團體首次派上用場，並改變了美國政府的立場。美國以色列公共事務委員會（AIPAC）當時尚不存在，但將美國國內政治局勢和錫安主義（稍後則是以色列）在巴勒斯坦的利益相結合的模式已然誕生。無論如何，這個模式都奏效了，也讓美國政府轉回其支持分治方案的立場。有趣的是，蘇聯全然不假思索，它對錫安主義的立場甚至更為忠誠。一九四八年五月前後，在巴勒斯坦共產黨（Palestine Communist Party，簡稱 PCP）成員的幫助之下，蘇聯將原先供應給捷克斯洛伐克的軍援轉往猶太軍隊。讀者現在可能會對此感到不可思議，但巴勒斯坦共產黨出於兩個原因支持錫安主義。首先，蘇聯堅信新成立的猶太國家會採行社會主義制度，並持反英立場（因此在冷戰逐漸成形之時，會更傾向支持東方集團〔Eastern Bloc〕）。再者，巴勒斯坦共產黨相信，民族解放是完成社會革命的必經之路，並將巴勒斯坦人民和錫安主義者雙方的行動都視為民族主義運動（這也是為何它至今仍支持分治方案）。[30]

在努力爭取國際認可的同時，錫安主義領導階層也忙於為其社群備戰，實行義務徵兵和徵稅制度，加強軍備，也增加軍購數量。他們收集情報的效率也很高，這顯示阿拉伯世界其他地區的準備是多麼匱乏。在軍事和外交兩個層面上使力，並未影響錫安主義運動領袖對於最頭痛、也最重要的問題所採取的策略：無論他們能成功到手多少巴勒斯坦的土地，該如何在此基礎上建立一個既民主又猶太的國家？或者換句話說：要如何處理這個未來猶太國家境內的巴勒斯坦人口？

從達萊特計畫持續至今日的巴勒斯坦種族清洗

對於這個議題的各種評估在一九四八年三月十日畫上句點，當時的最高統領制定了惡名昭彰的達萊特計畫，這項計畫預示了生活在猶太軍隊占領區裡巴勒斯坦人民的命運。這一系列辯論由猶太社群領袖本—古里安帶領，而他已下定決心，在未來建立的任何形式國家裡，都會確保猶太人口在統計數據上獨占鰲頭。這種執念不僅影響了他在一九四八年的各種行動，也長期影響了建國之後的以色列。我們將看到，這導致他在一九四八年策畫了巴勒斯坦的種族清洗，以及在一九六七年對占領西岸的反對立場。

在分治方案通過後的數日間，本—古里安告訴他的同僚，最多只有六成猶太人口的猶太國家是不可行的。雖然他並未闡明巴勒斯坦人口若高於幾成會阻撓未來的國家發展，但他透過麾下將官傳達給前線部隊的訊息卻是毫不含糊：猶太國家中的巴勒斯坦人口自然是越少越好。猶如馬薩哈和沙阿迪（Ahmad Sa'di）等巴勒斯坦學者所證，這就是為何本—古里安在戰後仍試著消除猶太國家境內殘餘的巴勒斯坦人口（所謂的「阿拉伯少數族群」〔Arab minority〕）。[31]

在一九四七年十一月二十九日（聯合國決議案通過之時）和一九四八年五月十五日（英國託管時期結束）之間所發生的一些事件，也使得錫安主義運動為將來的時機做足準備。由於託管時期即將結束，英國軍隊開始往海法港撤離。在任何區域，英軍一旦撤走，猶太社群的軍隊便立刻接替，甚至在託管時期結束前便開始清理當地人口。這段過程於一九四八年二月從部分村莊開始，在四月時已清理了海法、雅法、采法特、比桑（Beisan）、阿克雷和西耶路撒冷的人口。最後的幾個階段，是哈加納（Haganah，猶太社群主要的軍事側翼）系統性規畫的達萊特計畫的一部分。這份計畫如以下所示，清楚地指示如何清洗人口：

> 摧毀村莊（放火、轟炸，並在廢墟裡布雷），特別是那些難以持續控制的人口聚集中心……。
>
> 根據以下指導原則對搜索與控制行動進行增幅：包圍村莊，並對內進行搜索。若有抵抗行為，其武力必須被摧毀，而其人員必須被流放於國境之外。[32]

這一小支以色列軍隊是如何既要面對阿拉伯世界的正規軍，又要從五月十五日開始進行大規模的種族清洗行動？首先值得一提的是，在阿拉伯聯軍到來之前，（除了里德〔Lydd〕、拉姆拉和貝爾謝巴三個城鎮以外的）都市人口都已被清理殆盡了。再者，巴勒斯坦鄉村地區早已落入以色列的控制之中，而他們和阿拉伯聯軍的軍事對峙，是發生在這些鄉村地區的邊界，而非其內部。約旦曾有一個能在里德和拉姆拉幫助巴勒斯坦人民的機會，但約旦軍隊的英國指揮官格魯布伯爵（John Glubb）決定撤軍，避免與以色列軍隊衝突。[33] 最後，阿拉伯聯軍的軍事行動不僅效率極低，也十分短暫。在頭三週獲得些許成功之後，阿拉伯軍隊在巴勒斯坦的作為就像一齣失敗後倉皇逃離的鬧劇。在一九四八年末短暫的沉寂後，以色列的種族清洗再次開展，力度絲毫不減。

從當今的觀點看來，我們只能將以色列在巴勒斯坦鄉村的行動定義為「戰爭罪行」（war crime）。確實，這是一宗違反人性的罪行。如果忽略這項鐵錚錚的事實，就永遠無法瞭解對於作為一個政治系統及一個社會的巴勒斯坦及巴勒斯坦人民，以色列態度的本質究竟是什麼。日後成為以色列政府的錫安主義運動領袖階層所犯下的罪名，便是種族清洗。這並不是誇大其詞，而是帶有深遠政治、法律和道德意涵的一宗控訴。這項罪名的定義在一九九〇年代巴爾幹半島內戰後被清楚闡釋：種族清洗，是指某個族群為了驅逐另一個族群所採取的任何行動，其目的是將一個原先多族群的區域變成單一族群的區域。不論達成目的所採用的手段為何——從柔性勸說和威脅到驅離與大規模屠殺——此類行動就是種族清洗。

此外，這種行為的本身就決定了其定義：如此一來，即便執行種族清洗的總計畫並未被發現或曝光，某些特定的政策仍會被國際社會視為種族清洗。因此，種族清洗的受害者包括因為恐懼而離開家園的人，以及因為進行中的某項行動而被強制驅離的人。相關的定義和資料來源，在美國國務院以及聯合國的網站上都能找到。[34]這些原則性的定義，都是海牙的國際法庭在審理此類行動及其策畫和執行的責任歸屬時的指導標準。

一份針對早期錫安主義領袖著作與思想的研究顯示，這種罪行在一九四八年時已是必定會發生。錫安主義的目的不曾變改：盡可能接管越多的巴勒斯坦託管區越好，並從這個為未來的猶太國家所開拓的疆土上，移除大多數的巴勒斯坦村莊和城鎮。他們甚至執行得比計畫中預期地更有條理也更全面。在七個月的時間內，五百三十一個村莊被搗毀，十一個城鎮被掃蕩一空。這波大規模的驅離還伴隨著屠殺與強暴，以及將十歲以上的男子拘禁於勞動營中長達一年以上。[35]

其政治意涵在於，對於巴勒斯坦難民問題的產生，唯有以色列難辭其咎，且必須為此承擔法律與道德責任。法律上的意涵則在於，即便司法有其時效，對於犯下此等被理解為違反人性的罪行的人來說，經過這麼長的一段時間之後，這種行為本身依舊是一種罪行，卻從來無人因此被繩之以法。其道德意涵則是，這個猶太國家——當然，就像許多其他國家一般——誕生於罪惡之中，但這種罪惡，或者說這種罪行，從來就沒人承認。更糟的是，針對巴勒斯坦人民（無論他們身在何處）身上發生的，無論是對於過去的事件或是未來的政策中，以色列的某些圈子公認此事卻又同時為其辯解。時至今日，這樣的罪行仍然持續著。

對於這些弦外之音，以色列的政治菁英全然置若罔聞。相反地，從一九四八年的事件中，他們學到了截然不同的一課：一個國家在驅逐其土地上半數的人口、摧毀其土地上半數的村落後，是可以全身而退的。這樣的一課在一九四八年以降所造成的後果也是必然——那些以其他方式延續的種族清洗政策。這個過程中有幾個廣為人知的「成就」：一九四八年至一九五六年間，更多的村民被驅逐；一九六七年的戰爭中，三十萬巴勒斯坦人口被迫從西岸及加薩走廊地區遷出；以及截至二〇〇〇年，總計超過二十五萬巴勒斯坦人從大耶路撒冷地區穩定而持續地被清除。

一九四八年後，種族清洗的政策採取了許多形式。在以色列占領區以及以色列境內的許多地區，阻止人民離開村莊或城區的禁令，取代了驅離政策。限制巴勒斯坦人離開居住地，和驅離他們的目的並無二致。將他們圈禁在飛地之中——例如《奧斯陸協議》所列的約旦河西岸A、B及C地區、被定義為西岸地區的耶路撒冷村莊和城區，或是加薩貧民區——這些人在官方或非官方的人口數普查中都未被登記，而對於以色列政策制定者來說，這比什麼都重要。

這才是以巴衝突的癥結

只要以色列過去和現在的種族清洗政策所具有的完整意涵不被國際社會承認及處理，以色列與巴勒斯坦的衝突就不會有解方。忽視巴勒斯坦難民問題，只會不斷摧毀所有使衝突雙方和解的嘗試。這就是為何這兩件事如此至關重要：承認一九四八年發生的事件屬於種族清洗行動，從而確保任何政治解方都不會規避衝突的根源；而衝突的根源，就是對巴勒斯坦人民的驅離。避而不談這些過去事件，就是先前所有和平協議相繼破滅的主要原因。

如果不汲取法律教訓，巴勒斯坦方的報復衝動和復仇情緒便永不會平息。在法律上承認一九四八年的巴勒斯坦大浩劫是一樁種族清洗行動，便能為某種補償式正義（restitutive justice）鋪路。這和近期在南非所發生的進程如出一轍。承認過去的罪惡，並不是為了將加害者繩之以法，而是將罪行本身交由大眾審視和審判。最終的裁決也不會是為了報復式正義——不會有任何懲罰——而是為了補償式正義：受害者將能得到補償。就巴勒斯坦難民的事例來說，一九四八年十二月聯合國大會的一九四號決議案中已經清楚闡明了最合理的補償方案：無條件地讓難民及其家人返回家園（以及其住家，如果可能的話）。若不如此進行補償，以色列國只會一直在阿拉伯世界的中心以敵方異域的形式存在，也會一直是提醒殖民歷史的最後一筆，使以色列不只和巴勒斯坦人民、也和阿拉伯世界整體的關係更加複雜。

然而，重要的是，在此必須提到有些以色列猶太人確實學到了這些教訓。並不是所有的猶太人都對巴勒斯坦大浩劫漠不關心或一無所知。儘管知情而關心的人現在只是少數，卻足以讓人感受到他們的存在；這表示，對於一九四八年間被殺害、強暴或傷害的人的哭嚎、傷痛及創傷，至少有些猶太公民並未充耳不聞。他們知道數千名巴勒斯坦族群公民在一九五〇年代遭到拘捕和囚禁，也承認一九五六年的加西姆村（Kafr Qasim）屠殺事件，當時那些以色列公民只因其為巴勒斯坦人便被軍隊殘殺。他們都知道一九六七年戰爭間以色列所犯下的戰爭罪行，也知道一九八二年有許多難民營被無情轟炸。他們並未忘記一九八〇年代以降占領區的巴勒斯坦青年所受的皮肉之痛。這些以色列猶太人並沒有聾，他們至今還聽得到軍官下令處決無辜人民的聲音，以及旁觀士兵的嘻笑聲。

他們也沒有瞎了雙眼。他們看到了那五百三十一個被搗毀的村莊及被摧殘的城區留下的斷井頹垣。他們所見的，每個以色列人都能看見，但大多數人選擇不看：在猶太屯墾區的房舍底下，以及猶太國家基金持有的松樹林下，那些巴勒斯坦村莊的遺跡。他們並沒有忘記在自己身處的社會裡，其他人遺忘的那些事件。或許是因為他們完全瞭解一九四八年的種族清洗和直至今日仍在發生的事件之間的關聯。他們看出以色列獨立戰爭中的英雄以及在兩次巴勒斯坦大起義（Intifada）[36]中指揮殘暴鎮壓的人之間的連結。他們從未把拉賓或夏隆（Ariel Sharon）錯當和平英雄。他們也拒絕忽視高牆的聳立和廣泛種族清洗政策之間的明顯連結。一九四八年的驅離事件，與今日將人民圈禁在隔離牆內的作法，都是同樣的種族族群意識形態所造成的無法避免後果。他們不能不意識到加薩走廊從二〇〇六年以來受到的非人對待以及過去政策與政令的實施之間的連結。這種對人性的違抗，並不是在真空中誕生的；它背後有一段歷史，也有一個意識形態結構在為其辯解。

正因巴勒斯坦的政治領導階層忽視以巴衝突的這個層面，巴勒斯坦的公民社會正帶頭努力著，讓一九四八年發生的事件能夠成為其國家議題的核心。以色列國境內外的巴勒斯坦非政府組織，包括巴迪爾資源中心（BADIL）、捍衛境內流離者權利協會（ADRID）和返鄉權益聯盟（Al-Awda），都共同持續奮鬥著，它們要保存一九四八年事件的記憶，並解釋為何處理當年的事件會對未來如此重要。

第六章　六日戰爭之外「別無選擇」

一九八二年六月，以色列對黎巴嫩發動襲擊之後，官方聲明表示除了採取暴力行動以外「別無選擇」，引發了不少爭論。當時，以色列大眾分裂成兩派，有人認為戰爭是必要且正當的，另一派人則質疑其在道德上能否成立。雙方都將一九六七年的六日戰爭[1]當作參照來闡釋其觀點，並將先前的那場衝突視為一場「別無選擇」的戰爭的標準案例。但這是一項迷思。[2]

根據這種普遍被採信的敘事方式，六日戰爭逼迫以色列占領了約旦河西岸與加薩走廊，並在阿拉伯世界或巴勒斯坦人願意和猶太國家談和之前暫管該地。另一項迷思因而成形——我也將在另一章中討論——亦即由於巴勒斯坦領袖不願妥協，和平不可能發生。這項主張也產生了以色列只是暫時管理該地區的印象：在巴勒斯坦採取更「合理」的立場之前，這些領地必須繼續保持代管狀態。

一九四八年戰爭犯下的「致命歷史錯誤」

為了重新審視六日戰爭，我們必須先回到一九四八年的戰爭。以色列的政治與軍事菁英將一九四八年戰爭視為他們痛失的良機：一個以色列曾經能夠、也應該把握的歷史性時刻，得以占領約旦河與地中海之間歷史上所定義的巴勒斯坦全境。他們未能達成目標的唯一原因，是因為與鄰國約旦所達成的協議。這項密謀商議於英國託管末期，並在其議定之時限制了約旦軍隊在一九四八年阿拉伯整體戰力中的軍事參與程度。作為回報，約旦被允許併吞巴勒斯坦部分地區，也就是約旦河西岸地區。本－古里安並未更動一九四八年的戰前協議，並稱允許約旦取走西岸地區的決定為 bechiya ledorot——字面上的意思是，未來世世代代都會為此一決定而嘆息。若以更具譬喻性的方式翻譯，則可譯為「致命的歷史錯誤」。[3]

自一九四八年以來，猶太文化、軍事及政治菁英中的要人都在找尋能彌補這項錯誤的機會。一九六〇年代中期以降，他們小心翼翼地計畫著如何擴創一個「大以色列」（Greater Israel），將西岸地區包括其中。[4] 歷史上有幾個關頭讓他們幾乎能執行這項計畫，卻都在最後一刻退縮。最為人所知的是在一九五八年和一九六〇年，前者是因為本—古里安害怕國際的反應，後者則是因為人口統計上的理由（在他的計算中，以色列無法納入這麼大量的巴勒斯坦人）。一九六七年的戰爭提供了最佳機會。在此章中，我將探究六日戰爭的起源，並且主張：無論歷史上對戰爭原因的說法為何，我們都必須仔細審視約旦在其中扮演的角色。例如，為了保持以色列從一九四八年以來與約旦相對良好的關係而占領並保住西岸地區是必要的嗎？若答案如我所想的為否，便會引出另一個問題：為何以色列採取這項政策，而此政策對於以色列在未來放棄西岸地區的可能性又將告訴我們什麼？就算是如以色列官方塑造的神話一般，該國對西岸地區的占領，是為了報復約旦在一九六七年六月五日的進犯，問題仍然存在：為何在威脅消散之後，以色列仍然不撤出西岸地區？畢竟以色列國在激烈的軍事行動後並未擴張其領土的事例並不少見。就像我試著在本章裡闡釋的一般，將約旦河西岸和加薩走廊納入以色列境內，早從一九四八年以來便在計畫之中，就算它直到一九六七年才完成。

冷戰在中東的粉墨登場

六日戰爭真的無可避免嗎？我們可以從一九五八年開始解答——這個年分在當代中東研究文獻中被稱為革命性的一年。當年，改革派的激進思想使得埃及自由軍官（Free Officers）在開羅掌權，並開始影響整個阿拉伯世界。蘇聯支持了這波浪潮，而也幾乎無可避免地被美國挑戰。冷戰在中東的「粉墨登場」，提供了以色列正尋找著藉口去修正一九四八年「致命歷史錯誤」的人許多機會。一九四八年戰爭的英雄人物達揚（Moshe Dayan）和亞隆帶領的強力遊說團，在以色列政府和軍方內部運作，為此闢出坦途。當西方達成共識，一致認為埃及出現的「激進主義」將會影響包括約旦的其他國家，遊說團便建議時任總理的本—古里安與北大西洋公約組織接洽，提議讓以色列先發制人並拿下西岸地區。[5]

當伊拉克的權柄落入進步派或甚至是激進派的軍官手中之時，這番設想甚至又變得更合理了。一九五八年七月十四日，一群伊拉克軍官組織了軍事政變並推翻了該國的哈希米王朝。哈希米家族是英國為了將伊拉克保持在西方勢力範圍之中而在一九二一年所扶植。經濟衰退、民族主義以及伊拉克與埃及和蘇聯的堅固連結，導致了一波抗議運動並使軍方得以掌權。由卡西姆（Abd al-Karim Qasim）帶頭，一個自稱自由軍官的團體仿效在六年前推翻埃及君主政體的軍團並領導了這次政變，將伊拉克從君主國改制為共和國。

當時，西方害怕黎巴嫩可能是下一個被革命軍接管的地區。北約組織決定派遣聯軍先發制人（美國海軍被派至黎巴嫩，而英國特種部隊則被派至約旦）。當時它們並不需要、也不希望以色列涉入逐漸在阿拉伯世界發展的冷戰之中。[6]當以色列表達至少要「保住」西岸地區的想法，馬上就被華府嚴正否決。不過，本－古里安對於在這個階段被告誡，似乎感到很高興。他並未打算顛覆一九四八年達成的人口統計成就——他不希望一個新的「大」以色列納入西岸地區的巴勒斯坦人，從而改變猶太人和阿拉伯人之間的平衡。[7]他在日誌裡表示，他已經向各部會首長解釋，占領西岸地區會形成人口統計的致命風險：「我向他們傳達了將一百萬阿拉伯人納入一個僅有一百七十五萬人口國家的危險之處。」[8]兩年後，在一九六〇年，他基於同樣的理由先發制人，阻止了鷹派遊說團體利用當時新一波危機的意圖。只要本－古里安在位一天，遊說團體就不會有機會成功，就如賽格夫（Tom Segev）在《一九六七年》（*1967*）中的巧妙描述。然而，到了一九六〇年，要阻止遊說團體變得越來越困難。事實上，所有將在之後造成一九六七年危機的因素，在當年都已經具備，而且也同樣帶著爆發戰爭的威脅。但戰爭被避免了，或至少是被拖延了。

一九六〇年，首先登場的最重要演員便是埃及總統納瑟，當時他正安排著一項危險的邊緣政策（brinkmanship），[9] 而他六年後也將再次這麼做。納瑟對以色列放大話，威脅要派遣軍團進駐西奈半島非軍事區，並封住船隻進入以色列南方城市伊拉特（Eilat）的海路。他在一九六〇年和一九六七年這麼做的動機都是相同的。他懼怕以色列會攻擊敘利亞，而敘利亞和埃及在一九五八年和一九六二年間以阿拉伯聯合共和國（United Arab Republic）之名正式結盟。自從以色列和敘利亞在一九四九年夏達成休戰協議後，仍然有些問題懸而未決。包括雙方都覬覦的聯合國所稱「無主地帶」的一些土地。以色列時不時會鼓勵鄰近的猶太屯墾區和定居區的成員前往這些地帶並耕作，明知這會挑動敘利亞從上方戈蘭高地（Golan Heights）做出反應。在一九六〇年，這也的確發生了，而且造成了可預期的一次次報復行動循環：以色列空軍出兵，除了要獲取實戰經驗，也是為了向敘利亞空軍部屬的蘇聯戰機示威。空戰接踵而來，砲兵部隊不斷交鋒，休戰委員會也不斷收到抗議，而後在暴力衝突再次爆發之前，暴風雨前的寧靜先來臨了。[10]

以色列和敘利亞第二次摩擦的根源，與以色列在約旦河出海口以及其國境南方的國家水路運輸（national water carrier，這是以色列這項大型計畫的官方英文名，其中包括高架道路、管線和運河）建設有關。這項計畫的工程始於一九五三年，包括抽取敘利亞和黎巴嫩都極為需要的一些水資源。作為回應，敘利亞領導者成功地說服了同屬阿拉伯聯合共和國的埃及同盟：為了保住戰略重地戈蘭高地以及約旦河的水資源，以色列很可能會對敘利亞發動一項全面的軍事行動。

納瑟之所以要打破歷史悠久的巴勒斯坦地區及其周圍區域的危險平衡，還有另一個動機。他想打破當時的外交停滯狀態，並挑戰全球對巴勒斯坦問題的漠不關心。如同施萊姆在《銅牆鐵壁》中所述，納瑟和夏利特（以色列鴿派外交部長，在一九五〇年代中期曾短暫擔任總理）談判時希望能找到方法來打破僵局。[11]然而，納瑟也瞭解到大權是掌握在本—古里安手中，而當他在一九五五年再次入主首相辦公室時，兩國間的和平進展也就沒什麼希望了。

正當這些談判進行之時，雙方也討論了在內蓋夫放行陸路通道的可能性，以結束兩方的僵局。這是其議程上的一個初步提議，而後未有進展，對於這是否會導致雙邊和平條約的簽訂，我們也不得而知。我們確實知道的是，只要本—古里安還坐在以色列總理的位置上，以色列和埃及之間的雙邊和平協議便一點機會也沒有。即便本—古里安大權旁落，他在談判進行中的同時還是運用了他和軍隊之間的私人關係，說服其指揮官在加薩走廊對埃及軍隊發起軍事挑釁行動。這些行動的藉口，是從加薩走廊潛入以色列境內的巴勒斯坦難民，因為他們逐漸武裝，最終對此猶太國家發起了真正的游擊戰。作為回應，以色列摧毀了埃及軍事基地，並殺了一些埃及士兵。[12]

本—古里安重新掌權後，在一九五六年加入英法兩國為了拉下納瑟總統而成立的聯軍，他們一切的意圖和目的都扼殺了和平行動。難怪，四年後，納瑟在謀畫向以色列開戰之時，會將他的軍事演習視為先發制人之舉，便是為了從可能發生的英法以聯軍襲擊中拯救他的政權。因此，在一九六〇年，當以色列與敘利亞的邊境情勢變得更緊張、外交方面也沒有任何進展之時，納瑟便探究一種新的戰略，也就是稍早提到的「邊緣政策」。這種行動的目的，是為了不斷測試各種可能性的邊緣在哪。在這裡的事例中，則是為了檢驗在不真正發動戰爭的狀況下，軍事戰備和威嚇對政治現實的改變能有多少。這種邊緣政策的成敗不僅取決於發動者，也取決於這項政策針對的對象所採取的不可測回應。而這就是可能會嚴重出錯的地方，就像在一九六七年發生的一樣。

納瑟在一九六〇年第一次採行這項策略，在一九六七年又以類似的方式重複了一次。他派遣軍隊進入西奈半島——根據一九五六年戰爭的休戰協議，該區域原應是一個非軍事區。一九六〇年，以色列政府和聯合國非常理智地面對了這項威脅。時任聯合國祕書長的哈馬舍爾德（Dag Hammarskjöld）採取堅定的立場，要求埃及軍隊立刻撤出。以色列政府雖調動儲備兵力，但也清楚表示不會發動戰爭。[13]

一九六七年戰爭前夕，這些因素都在暴力衝突的爆發中扮演了角色。然而，兩個人物卻已不再參與其中：本－古里安和哈馬舍爾德。本－古里安在一九六三年退出政壇。諷刺的是，只有在他離開之後，大以色列遊說團方能計畫下一步。在那之前，本－古里安對於人口統計比例的執念，阻止了占領西岸地區的行動，但也創造出我們如今熟悉的、以色列對不同巴勒斯坦群體實施的軍事統治。當時的軍政權在一九六六年畫下句點，這讓現成的國家機器甚至在一九六七年六月戰爭爆發之前，便得以控制約旦河西岸和加薩走廊兩個地區。一九四八年，以色列對巴勒斯坦少數族群採取的軍事統治，是奠基於英國託管政府的緊急條例，將平民視為潛在的敵對群體，從而剝奪他們的基本人權與公民權。軍事總督被任命於各個巴勒斯坦地區，並擁有行政、司法及立法權限。直到一九六六年，這個機構的運行都很順暢，包含了數百位僱員，他們而後將成為在西岸和加薩走廊實施的一個與其相似的政權的核心階層。

因此，一九六六年廢除的軍事統治政權，一九六七年又被施行在西岸地區及加薩走廊；下一次的入侵行動也已萬事俱備。自一九六三年始，一群來自以色列軍界、公部門和學術界的專家，都為此次變革做足了計畫，並為機會來臨時該如何根據緊急條例治理巴勒斯坦土地，整理出一份指南。[14]這份指南使軍隊在生活各層面都擁有絕對的權力。將這個國家機器從單一巴勒斯坦族群（以色列境內的巴勒斯坦少數族群）移到另一個族群（西岸和加薩走廊的巴勒斯坦人民）的契機，出現於一九六七年，當時納瑟總統的邊緣政策受到蘇聯領導者的鼓勵，因為一九六六年末時，蘇聯堅信以色列對敘利亞的襲擊已迫在眉睫。[15]當年夏季，一群官員和學者策畫了一場軍事政變（也就是新「復興黨」〔Ba'ath〕），接管了敘利亞國。新政權最先採取的行動之一，便是以更堅定的態度處理以色列濫用約旦河水源及其河口區域的計畫。敘利亞開始建造國有水路，並引流約旦河的水源作為自用。以色列軍隊對這項新的建設計畫進行了轟炸，也導致兩國的空軍頻繁而日趨激烈的空戰。敘利亞的新政權也支持新成立的巴勒斯坦民族解放運動。這又激勵了法塔赫運動（Fatah）在戈蘭高地向以色列發動游擊戰，並將黎巴嫩作為發射基地。這讓兩國間的緊張情勢又更加升高。

一九六七年四月以前，納瑟總統似乎都還希望他的裝腔作勢足以迫使現況改變，而無須訴諸戰事。他在一九六六年十一月和敘利亞簽訂防禦同盟協議，並宣布：若以色列發動攻擊，他將樂意援助敘利亞。然而，至一九六七年四月，以色列與敘利亞邊境的情勢已惡化到谷底。以色列在戈蘭高地對敘利亞軍隊策畫了一場軍事襲擊，而根據時任以色列軍隊參謀總長的拉賓表示，這場襲擊意在「羞辱敘利亞」。[16]事態至此，以色列似乎正用盡全力地逼阿拉伯世界開戰。只有到了這時，納瑟才覺得被迫得要重新採用一九六〇年採取的策略——在西奈半島派駐軍團，並封鎖蒂朗海峽（Tiran），而因蒂朗海峽是連接阿卡巴灣（Gulf of Aqaba）和紅海的一條狹窄海路，所以對其封鎖能停止或阻擋前往以色列最南端港口伊拉特港的海路交通。而在一九六〇年，納瑟正等著看聯合國會怎麼反應。早在一九六〇年時，哈馬舍爾德就對情勢感到不滿，因此並未召回從一九五六年便開始駐紮當地的聯合國軍團。新任祕書長吳丹（U Thant）則較為優柔寡斷，在埃及軍團進入西奈半島時，他撤走了當地的聯合國武力。這讓緊張情勢更為升級。

六日戰爭

然而，讓戰事倉促開始最關鍵的因素，是當時以色列領導階層中的主戰派，並未受到任何權威的挑戰。若當時情勢不同，可能會讓其內部產生摩擦，從而減緩鷹派對衝突的追求，也能讓國際社會有時間尋求和平解決方案。一九六七年六月五日，當以色列開始襲擊其阿拉伯諸鄰國之時，由美國領導的外交行動尚在準備階段。以色列內閣並無意為和平協調者提供其必要的緩衝時間。這可是個不容錯過的大好機會。

在以色列內閣戰前的幾場關鍵會議中，艾邦（Abba Eban）天真地向幾位參謀長及同僚請教一九六〇年的危機和一九六七年的情勢有什麼不同，因為他認為後者也能以一樣的方式解決。[17]而其回應則是，這是「榮譽和嚇阻的問題」。艾邦的回應是，只以榮譽和嚇阻為名，便要犧牲年輕的士兵，這樣的人力代價實在太高。我懷疑在那份會議紀錄裡還有其他一些對他的發言並沒有被記錄下來，其中或許會包括要讓他明白，這是個歷史性的機會，能夠彌補一九四八年沒有占領約旦河西岸的「致命歷史錯誤」。

六月五日清早，戰爭開始了，以色列對埃及空軍發動攻擊而幾乎將其覆滅。而後，敘利亞、約旦和伊拉克的空軍在同日都遭受了類似的襲擊。以色列軍隊也入侵了加薩走廊和西奈半島，之後數日更挺進蘇伊士運河而占領了整個半島。以色列對約旦空軍的攻擊，促使約旦占領耶路撒冷兩個大區間的一小片聯合國代管地。三天之內，在激烈的戰鬥後，以軍在六月七日占領了東耶路撒冷，並在兩天後將約旦軍隊逐出西岸。

六月七日當日，以色列政府尚不確定是否要和敘利亞在戈蘭高地開啟新的戰線，不過，另一條戰線上的璀璨勝績說服了政客，從而允許軍隊占領戈蘭高地。至六月十一日止，以色列儼然成為一個小型帝國，控制了戈蘭高地、約旦河西岸、加薩走廊以及西奈半島。在此章中，我將專注討論以色列占領西岸地區的決定。

就在戰爭前夕，約旦加入了埃及和敘利亞的軍事聯盟，因此一旦以色列對埃及發動攻擊，約旦便有義務參戰。儘管有著這項承諾，胡笙國王對以色列發送了清楚的訊息，表示戰爭一旦開始，他便必須有所作為，但只會持續一小段時間，也不會真正導致開戰（這和他祖父在一九四八年的立場非常相似）。但實際上，約旦的介入絕非是象徵性的，還包括對西耶路撒冷和特拉維夫東部近郊的強烈轟炸。然而，重要的是，我們得知道約旦的反應是為了什麼：在幾個小時之前，也就是六月五日正午時分，他們的空軍已被以色列徹底摧毀。胡笙國王因而感到必須做出比原本設想更強的反應。

問題在於，約旦的軍隊並不在他的掌控之下，而是由一位埃及將軍指揮。對於這些事件的敘述，通常是基於胡笙國王自己以及魯斯克（Dean Rusk，時任美國國務卿）的回憶錄。根據這種敘事，以色列曾向胡笙放軟態度，並力勸他不要參戰（雖然以色列當時已經摧毀了約旦空軍）。戰爭首日，以色列仍然願意在其對約旦的進犯中有所保留，但約旦對空軍被毀的反應，導致以色列在第二日發動了更廣泛的行動。其實，胡笙在他的回憶錄裡寫道，他一直以來都希望有人能出面阻止這些瘋狂行徑，讓他能不必違抗埃及人，也不必面對戰爭之險。他在戰爭第二日呼籲以色列方冷靜，而根據他的敘述，當時以色列逕自擴大了行動。[18]

這種敘事有兩個問題。要如何才能把以色列對約旦空軍的襲擊與其發出求和的訊息看成不相抵觸的兩件事？更重要的是，若要說以色列在第一天對約旦的政策還猶豫不決，即便從這種敘事也可清楚看到，以色列到了第二天已經決定不給約旦任何喘息的機會。就如同諾曼．芬克斯坦（Norman Finkelstein）正確指出的：如果你想摧毀約旦殘軍，並維持你和唯一對以色列最忠誠的阿拉伯國家之間的關係，只要在約旦河西岸發動閃電行動就夠了，根本沒有必要去占領該地。[19]以色列歷史學家舍麥什（Moshe Shemesh）研讀了約旦方的資料，並總結道：在以色列於一九六六年十一月為了試圖擊敗巴勒斯坦游擊隊而攻擊了巴勒斯坦村莊薩木厄（Samua）後，約旦的最高指揮部便相信以色列有以武力占領西岸地區的意圖。[20]約旦想得並沒錯。

這並未如各界所害怕般地發生在一九六六年，而是發生於次年。當時以色列社會上下都為了「解放」猶太教聖地的彌賽亞計畫而群情洶湧，而耶路撒冷將會是大以色列嶄新皇冠上的一顆寶石。無論是左派或右派的錫安主義者，或是以色列在西方的支持者，都陷入了這種歡欣鼓舞的歇斯底里中，並為之深深著迷。甚而有之，以色列在占領西岸和加薩走廊之後，並沒有在短期內撤離的打算；事實上，以色列根本不想離開。一九六七年五月的危機之所以惡化並演變為全面性的戰爭，以上事實都能進一步作為以色列必須對此事負責的證據。

這個歷史關頭對以色列有多重要，從以色列政府如何承受了自所有一九六七年占領區撤出的強大國際輿論壓力便可看出，而這正是聯合國安全理事會在戰後立即通過的著名二四二號決議案的要求。誠如讀者所知，聯合國安全理事會的決議案比起大會決議案更具約束力。而這也是批判以色列的決議案中，美國並未否決的少數決議案的其中一項。

自第十三屆大聯合政府持續至今的三項決定

我們如今得以查閱以色列政府在占領後幾天所召開的一場會議的紀錄。這是以色列的第十三屆政府，而其組成和我在這裡提出的主張非常相關。這是在以色列前所未見、後無來者的一種大聯合政府。除了共產黨以外，從左派、右派到中間派的每個政黨都在這屆政府裡有一位代表。社會主義政黨如瑪帕姆黨（Mapam）、右派政黨如比金（Menachem Begin）的赫魯特黨（Herut）、自由派政黨和宗教政黨無一缺席。閱讀這份會議紀錄，你會感覺到：各部會首長都知道，他們代表的是自己身處社會的廣大共識。在只耗時六日的勝利閃電行動後，歡欣鼓舞的氣氛席捲了以色列，也增強了這種信念。在這種背景下，我們便能更透徹地理解各部會在戰後立刻做出的各種決定。

此外，許多政治家從一九四八年以來便一直在等待這一刻。我甚至能進一步說，對西岸及其遠古聖經時期史蹟的接管，尤其是錫安主義甚至早在一九四八年前就已經定下的目標，而且也符合錫安主義計畫整體的邏輯。一言以蔽之，這種邏輯便是希望能接管越多的巴勒斯坦土地、越少的巴勒斯坦人越好。這種共識、這種狂喜，以及這項歷史脈絡，都解釋了為何後來的各屆以色列政府都未曾背離這些部會前輩所做的決定。

他們所做的第一個決定，是以色列的存在離不開西岸地區。時任農業部部長的亞隆為控制該地提供了各種直接與間接的方式，他將能建造猶太定居點的區域和巴勒斯坦人密集居住的區域畫分開來，而後者必須以間接方式治理。[21]對於間接的治理方式，亞隆在幾年間便改變了主意。一開始，他希望勸服約旦幫助以色列治理西岸部分地區（雖然從未詳細說明，但或許是在西岸的「阿拉伯區域」裡保持居民的約旦公民身分並施行約旦法律）。然而，約旦對此的回應不溫不火，這讓他改變了態度，認為巴勒斯坦人留在當地自治是最好的解方。

第二項決定，是西岸和加薩走廊的居民不能被納入以色列國並取得公民身分。這並不包括當時居住在以色列新定義「大耶路撒冷」地區的巴勒斯坦人。該地區的範圍定義，以及其中誰有取得以色列公民身分的資格，隨著其地域擴張，時時都在改變。大耶路撒冷越大，巴勒斯坦人的數量就越多。如今，約有二十萬巴勒斯坦人居住在所謂的大耶路撒冷地區。為了保證並不是所有人都會被計為以色列公民，其中許多社區被宣布為屬於約旦河西岸的村莊。[22]以色列政府很清楚，一方面拒絕頒發公民身分，另一方面不同意讓他們獨立，便能迫使西岸和加薩走廊的居民必須生活在不具基本公民權和人權的狀況之中。

因此，下一個問題便是以色列軍隊要占領巴勒斯坦地區多久。對於許多的部會首長而言，當時的答案是「很久」，現在的答案也仍舊如此。例如國防部長達揚便曾在一個場合上拋出「五十年」這個答案。[23]而至二〇一七年，以色列已占領了五十年之久。

第三個決定與和平進程有關。如同先前提到的，國際社會希望以色列歸還其占領地以換取和平。以色列政府曾願意與埃及和敘利亞分別協調西奈半島和戈蘭高地的未來，但從未就西岸與加薩地區進行協調。在一九六七年一次短暫的記者會上，時任總理的艾希科爾（Levy Eshkol）便如此表示。[24]但他的同僚很快便瞭解到這種公開聲明，若用婉轉的說法，就是「不太有幫助」。因此，這種戰略立場從未在公開場合中再次被確認。我們目前所有的，只是一些來自個人的明確主張，其中最為著名的是巴夫利（Dan Bavli），他是策畫約旦河西岸和加薩走廊政策的高官團隊一員。巴夫利事後表示，以色列的不願協調，特別是對於西岸地區，是當時（我會如此補充：日後亦然）政策的重點。[25]巴夫利將這項政策敘述為「好戰和短視的更上層樓」，取代了任何對解決之道的探求：「多屆以色列政府都對和平事宜高談闊論，卻光說不練。」[26]當時以色列官員所創造的，便如杭士基（Noam Chomsky）所說的一般「純屬鬧劇」。[27]他們瞭解，即使談論和平，也不代表他們不能實地創造會否定和平這個概念本身的覆水難收現實。

當然，讀者可能會問，當時是否沒有真正尋求和平的和平陣營或自由派錫安主義陣營？確實是有的，且當今或許仍然存在。然而，這些陣營打從一開始便相當邊緣，且只獲得相當小部分選民的支持。無論大眾如何議論，以色列的各種決策都是由制定政策的政客、將軍和策略家所組成的核心團體訂定。再者，至少從事後看來，唯一能判斷以色列政策可能為何的方式，並不是透過國家決策者的論述，而是透過他們的實地行動。舉例來說，一九六七年時，聯合政府的政策宣言，可能不同於至一九七七年為止治理以色列的工黨政府，也可能不同於至今斷斷續續治理以色列的聯合黨政府（在二〇〇〇年代中，如今已不復存在的前進黨〔Kadima〕曾領導夏隆和歐默特〔Olmert〕政府數年）；然而，每一屆政權的行動都大同小異，並都忠於這三項戰略決策，而這些決策也在一九六七年後的以色列成為錫安主義的教義問答。

以色列在實地上最關鍵的行動，是在約旦河西岸和加薩走廊地區持續建造猶太定居點，並致力於將其擴大。以色列政府最初將這些定居點安排在西岸（一九六八年起）與加薩（一九六九年起）人口較不稠密的巴勒斯坦地區。然而，就如澤塔爾（Idith Zertal）和埃爾達（Akiva Eldar）在他們精彩的《土地之主》（*The Lords of the Land*）中令人不寒而慄的描述，各部會首長以及計畫決策者最終屈服於彌賽亞定居運動忠信社群的壓力，讓猶太人定居在巴勒斯坦城區的中心地區。[28]

既非難民、也非公民的巴勒斯坦人

另一種評斷以色列從一九六七年以來真正意圖的方式，是從巴勒斯坦難民的視角檢視這些政策。在占領之後，新的統治者將西岸和加薩走廊的巴勒斯坦人禁錮在一種無從突破的孤立狀態中：他們既不是難民，也不是公民——他們當時是、現在也仍然只是無公民身分的居民。他們當時就像是一群囚犯，如今在許多層面上也仍然像是被囚禁在一座大型監獄之中，沒有公民權和人權，對未來也束手無策。全世界之所以會容許這種處境，是因為以色列宣稱（而這種宣稱直到近期才遭到挑戰）它只是暫時的，只會持續到以色列的巴勒斯坦夥伴正正當當地尋求和平之時。不出所料，以色列一直都沒找到這種和平夥伴。在本書寫作之時，以色列仍在透過許多手段和方式拘禁第三代巴勒斯坦人民，並將這種超大型監獄描繪成暫時的景況，只要以色列和巴勒斯坦達成和平便能有所改變。

巴勒斯坦人民能做些什麼？以色列方發出的訊息非常清楚：如果他們服從土地徵收計畫、人身遷徙的嚴格限制以及占領區的嚴刑峻法，便能獲得一些好處。這些好處可能是在以色列工作的權利，或是得到一些自治權，而且，從一九九三年以來，巴勒斯坦甚至還獲得了把這些自治區稱為國家的權利。然而，若他們偶爾選擇走上反抗之路，便會體驗到以色列軍隊的全力鎮壓。巴勒斯坦社會運動者昆西耶（Mazin Qumsiyeh）統計出這類試圖越過這所大型監獄的起義行動共有十四次——每一次的起義都只獲得了殘暴的回應，而以加薩的事例而言，甚至得到了種族屠殺的下場。[29]

因此我們能看到，對約旦河西岸和加薩走廊的接管，代表始於一九四八年的大業最終已然成就。當時，錫安主義運動接管了八成的巴勒斯坦地區——在一九六七年則完全接管。「猶太人口不占多數的大以色列」這個讓本—古里安日思夜想的人口問題，透過將占領區人口拘禁在非公民監獄的方式得到了諷刺的解決。這不只是歷史描述而已；從許多層面說來，這是至今仍看得見的現實。

第二部　當今謬誤

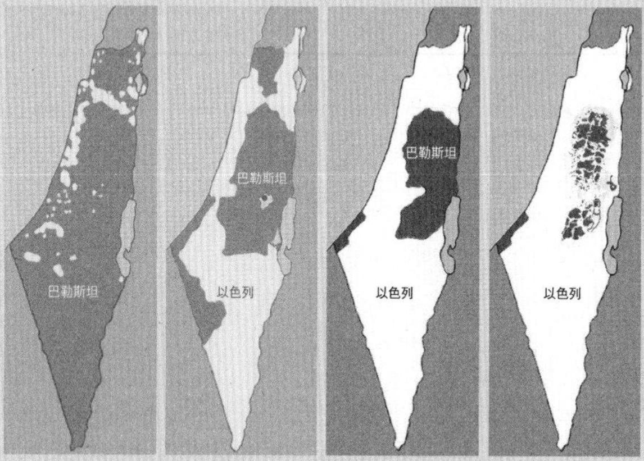

1947　1947 聯名國分治方案　1949-1967　今日

第七章　以色列是中東唯一的民主政權

在許多以色列人和以色列世界各地擁護者的眼中——即便是對其政策有所批判的人——以色列畢竟還是一個立意良善的民主國家，它與鄰國尋求和平，且保障公民人人平等。批判以色列的人認為，若這種民主政權裡出了什麼岔子，都是因一九六七年的戰爭所致。從這種觀點看來，戰爭讓以色列在占領區裡賺著不義之財，也讓彌賽亞主義團體得以涉足以色列政界，這一切都毀壞了一個原本誠實又勤勞的社會，讓以色列在其新取得的領土上成為一個既占地又暴虐的政體。

自以色列建國以來便受到軍事統治的巴勒斯坦人

「民主的以色列國在一九六七年陷入困境，但仍然維持著其民主狀態」這樣的迷思被廣泛宣傳，甚至連一些著名的巴勒斯坦或親巴勒斯坦學者都如此宣傳——但這並沒有歷史根據。一九六七年前的以色列根本無法被描述為一個民主政權。如我們在前幾章中所見，這個國家使其五分之一的公民落入以英國託管非常時期的嚴刑峻法為基礎的軍事統治之中，而將巴勒斯坦人民拒於基本人權或公民權的門外。當地的軍事總督以絕對權力決定這些公民的生活：統治者能夠對他們設下特殊法規，摧毀他們的住所和生計，並隨心所欲地將他們送進監獄。只有到一九五〇年代晚期，猶太人對這些暴行的反對才逐漸浮上檯面，並最終得以減輕巴勒斯坦族群公民身上的壓力。

對於生活在戰前的以色列、以及一九六七年戰後約旦河西岸和加薩走廊的巴勒斯坦人來說，這個政權允許以色列國防軍，即便是最低階的士兵，都能主宰並摧毀他們的生活。若這樣的一個士兵、他所屬的單位或其指揮官決定要拆除巴勒斯坦人的家舍，將他們扣留在檢查點數小時，或者不經審判便將他們收押，他們也無能為力。他們全然無計可施。[1] 從一九四八年至今，每分每秒都有巴勒斯坦人在經受這般的經歷。第一個在這種暴政下遭受磨難的族群，是以色列境內的巴勒斯坦少數族群。從以色列建國頭兩年開始，他們便被趕進貧民窟裡（例如生活在加密山上的海法巴勒斯坦社群），或是從他們世代居住的城鎮中被驅逐（例如采法特）。就以斯杜（Isdud）的事例來說，當地居民全數被驅趕至加薩走廊。[2] 鄉村地區的情況甚至更糟。許多屯墾區建設運動都覬覦著富饒土地上的巴勒斯坦村莊，包括聲稱支持兩國方案的社會主義屯墾運動「少年守望者」（Hashomer Ha-Zair）。在一九四八年的戰爭平息許久之後，軍方宣稱需要土地來進行軍事訓練，讓加比賽亞（Ghabsiyyeh）、伊克里特（Iqrit）、比里姆（Birim）、貴達（Qaidta）和橄欖山（Zaytun）等其他許多村莊的居民被哄騙離開他們的家園兩個星期之久，但在他們返回之時，卻發現他們的村莊都被夷為平地，或者已被拱手讓人。[3]

一九五六年十月的加西姆村大屠殺，是這種軍事恐怖狀態的典型範例；在西奈行動的前夕，四十九名巴勒斯坦族群公民被以色列軍隊殺害。當局宣稱那些人在田園裡勞動後夜歸，而當時該村莊正施行宵禁。然而，這並不是真正的原因。之後的證據顯示，以色列曾認真考慮驅逐整個亞拉谷地（Wadi Ara）及三角地帶（Triangle）的巴勒斯坦居民，而加西姆村便位於該地區之中。這兩個地方——前者是連接東邊城市阿富拉（Afula）和地中海岸城市哈代拉的河谷；後者則是耶路撒冷東邊內陸腹地——都在一九四九年以色列與約旦簽訂的停戰協議中被割讓給以色列。正如我們所見，以色列對任何領土擴張來者不拒，但並不歡迎隨之而來的巴勒斯坦人口。因此，在每一次國土擴張之時，以色列總是想方設法在新占領的區域中限制巴勒斯坦的人口。

「黑痣行動」（Hafarfert）是以色列和阿拉伯世界之間新的戰爭爆發時，一系列驅趕巴勒斯坦人民計畫的行動代號。如今許多學者認為，一九五六年的大屠殺是一種演練，旨在驗證該地區的人民能否在受到威嚇後主動離開。多虧以色列國會兩位成員共產黨的圖比（Tawfiq Tubi）與左翼錫安主義政黨瑪帕姆黨的多里（Latif Dori）的勤奮努力，這場大屠殺的行凶者已被審判。然而，負責該地區治理的指揮官和犯下罪行的軍方單位卻被輕輕放過，只處以小額罰款。[4] 這變相證明了，軍隊在占領區中被允許進行謀殺罪行，而且還能躲過刑罰。

系統性的暴行並不只出現在大屠殺這類的重大事件裡。在以色列政權的平凡日常中，也存在著最惡劣的暴行。以色列的巴勒斯坦人對於一九六七年前的那段時期仍不願多談，而當時的文件也並未揭露全貌。出人意表的是，我們能在詩文之中看到一些軍政統治下生活樣貌的端倪。奧爾特曼（Natan Alterman）是該輩文壇中最有名也最重要的詩人之一。他曾有個名為「第七專欄」（The Seventh Column）的個人每週專欄，在其中評論他讀到和聽到的各種事件。他有時會略過事件的發生時間或地點，但還是為讀者提供了足夠的資訊，得以意會他所指的事件為何。他時常以詩的形式表達批判：

那新聞短短出現兩天，復又消散。
似乎沒人關心，似乎無人知曉。
在那遙遠的莊頭烏姆阿法姆（Um al-Fahem）
孩童——或者我該說是國家的子民——在泥濘中玩耍
我們一位英勇的士兵覺得其中一個孩子很可疑，他
　咆哮著：停下！
命令就是命令
命令就是命令，但這愚蠢的男孩呀並未佇立，
他逃跑了
於是我們英勇的士兵開了槍，那也難怪了
擊中了男孩，殺死了他。
沒人談論此事。[5]

有一次，他寫了一首關於兩個在亞拉谷地被槍殺的巴勒斯坦族群公民的詩。又有另一次，他敘述了一個身患重病的巴勒斯坦婦女的故事，她在沒有獲得任何解釋的狀況下，連同兩個分別是三歲和六歲的孩子一起被驅逐到約旦河的另一岸。她和孩子在試著返回家園時被逮補，並被關進拿撒勒（Nazareth）的監獄中。奧爾特曼希望他關於這位母親的詩作能感動大眾的心靈，或者至少可以引起官方的回應。然而，他在次週如此寫下：

> 而這位作家猜錯了
> 這個故事並未被否定或解釋
> 而是空無一物，不置一詞。[6]

更多證據也進一步顯示了，以色列在一九六七年之前也不是個民主政權。這個國家對於嘗試取回土地、莊稼和牲畜的難民採取格殺勿論的政策，而且為了顛覆埃及的納瑟政權而發動殖民戰爭。以色列的維安武力也是勤兵黷武，在一九四八年至一九六七年間殺害了超過五十名巴勒斯坦族群公民。

世界各地的每個猶太人都能自動獲得以色列公民權，然後呢？

一個政權對其對境內少數族群的包容意願與程度，是其民主程度的試紙。從這個角度看來，以色列和真正的民主之間相去甚遠。比如，在取得新的領土之後，通過了數條法規，以確保多數群體的優越地位，包括管理公民身分的法規、關於土地所有權的法規，以及最重要的《回歸法》（Law of Return）。《回歸法》自動賦予世界上每一個猶太人以色列公民權，無論其出生於何方。這條法律堂而皇之地違反民主原則，因其伴隨著對巴勒斯坦人歸鄉權利的徹底否決——這可是在聯合國大會一九四八年的一九四號決議案中已得到國際承認的權利。如此的否決態度，也讓以色列的巴勒斯坦族群公民無法和其直系血親或是在一九四八年被驅逐的人團聚。拒絕給予人民回歸家園的權利，同時又讓和這塊土地毫無干系的他人擁有回歸的權利，的確是一種典型的非民主作風。

於此之上，以色列更進一步否定了巴勒斯坦人民的權利。幾乎所有針對以色列境內巴勒斯坦族群公民的歧視，都能以他們並未服役為由而正當化。[7] 要清楚理解民主權利和服役義務之間的連結，我們可以重新檢視，以色列決策者是如何試著在建國後數年間決定該如何處理該國五分之一的巴勒斯坦人口。他們的假設，是巴勒斯坦族群公民無論如何都不會想參軍，而這種假設性的拒絕態度，又反過來正當化他們對巴勒斯坦人的歧視性政策。一九五四年，作為測試，以色列國防部決定徵召符合服役條件的巴勒斯坦族群公民。以色列特務機構向政府保證，大多數人會拒絕被徵召。令他們大感驚訝的是，所有被召集的巴勒斯坦人都在共產黨的支持下前往募兵辦公處，而共產黨是當時巴勒斯坦社群中最龐大也最重要的政治勢力。日後，特務機構如此解釋：鄉村青少年的生活乏味與他們對行動和冒險的渴望，是他們參軍的主要理由。[8]

儘管節外生枝，國防部仍然兜售著巴勒斯坦社群不願參軍的敘事。不可避免地，隨著時間推進，巴勒斯坦人的態度確實轉為反對成為他們壓迫者的以色列軍隊，但政府持續以此作為歧視藉口的作法，令人質疑這個國家妄稱的民主。如果你是巴勒斯坦族群公民且並未服役，政府會大幅限制你作為勞工、學生、家長或配偶的權利。這尤其會影響居住和就業——因為七成的以色列產業被視為國安敏感產業，而這些公民並無法在這些產業中謀職。[9]

國防部的根本假設不只在於巴勒斯坦人不願服役，也在於他們將巴勒斯坦人視為潛在仇敵而無法信任。這種主張的問題在於，在以色列與阿拉伯世界之間的主要戰爭中，巴勒斯坦人的表現和他們的預期並不相符。巴勒斯坦人並未成為第五縱隊般的間諜，或是起身反抗以色列政權。然而，這項事實並未對他們帶來幫助：時至今日，他們仍被視為必須解決的「人口」問題。唯一令人欣慰的是，今日大多數的以色列政治家，並不相信轉移或驅離巴勒斯坦人會是解決「問題」的手段（至少在承平時期是如此）。

若檢驗以色列的土地政策與相關的預算分配，該國對自己是民主政權的聲稱也值得存疑。從一九四八年以來，比起以色列的猶太區域，巴勒斯坦的地方議會和自治區政府得到的預算是少之又少。土地的短缺與就業機會的匱乏，都造就了不正常的社會經濟環境。舉例來說，即便位於上加利利的米伊利亞村（Me'ilya）已經是最富裕的巴勒斯坦社群，但它的境況還是比內蓋夫最低度開發的猶太城鎮來得糟。在二〇一一年，《耶路撒冷郵報》（*Jerusalem Post*）便如此報導：「一九九七年至二〇〇九年間，猶太人平均收入比阿拉伯人普遍高出四到六成。」[10]

如今，當地有九成以上的土地是由猶太國家基金所有。土地的持有人是不被允許和非猶太公民交易的，而國有土地也優先用於國家計畫，這意味著，在不斷建造新的猶太定居點的同時，幾乎沒有建造任何新的巴勒斯坦定居點。因此，儘管最大的巴勒斯坦城市拿撒勒中的人口從一九四八年以來已經成長三倍，其面積卻連一平方公里都未曾擴張，反觀該城北方的發展市鎮上拿撒勒（Upper Nazareth）卻已經透過徵收巴勒斯坦地主的土地而擴張了三倍面積。[11]

這項政策造成的其他實例，則可在加利利一帶的各個巴勒斯坦村莊看到，它們述說著相同的故事：從一九四八年，這些村莊的土地面積普遍減少了四成，有時甚至高達六成，而新的猶太定居點則高築於這些被徵收的土地之上。在其他地方，這種政策則帶動了全面性的「猶太化」嘗試。一九六七年後，以色列政府對於該國南北端的猶太人口不足感到憂心，因而計畫增加該區域的人口數。為了這種人口轉型，沒收巴勒斯坦人的土地以建造猶太定居點便成為要務。

更糟的是，巴勒斯坦族群公民被排除在這些定居點之外。這種對公民自由居住權堂而皇之的侵犯時至今日仍然存在，讓以色列所有非政府人權倡議組織為了挑戰種族隔離制度而做出的努力以徹底失敗告終。以色列最高法院只能在一些個案中對此政策的合法性提出質疑，而非質疑其原則。試想，若英國或美國的猶太公民或天主教徒被法律禁止在特定的村莊、城區或甚至整個城鎮居住，會是如何？這種情形又怎會和民主的概念相符？

因此，鑑於以色列對待兩個巴勒斯坦群體（難民和境內社群）的態度，無論如何設想，這個猶太國家都無法如其聲稱而被當作民主國家看待。不過，對於這種聲稱最昭然的挑戰，則是以色列對待第三個巴勒斯坦群體的殘忍姿態：在東耶路撒冷、約旦河西岸和加薩走廊地區，那些從一九六七年便開始生活在以色列直接或間接統治下的居民。從早在戰爭初始便已施行的司法系統、軍隊在西岸和加薩走廊內外不容質疑的權力，到數百萬巴勒斯坦人民日常遭受的羞辱，這個中東地區「唯一的民主國家」在實際的作為上，可說是最惡劣的專制政權。

「開明」的占領

對於這項指控，以色列在外交和學術上的主要回應，是這些手段都只是暫時性的——只要巴勒斯坦人表現得「更乖」，這些作法便會有所改變。然而，只要是曾經研究過占領區的人，更別說是居住在占領區的人，都能理解這些論點有多荒謬。

如我們所見，以色列的決策者一心決定：只要猶太國家保持完整，占領就會持續下去。對以色列政治系統而言，這是現狀的一部分，而維持現狀永遠比改變現狀來得好。以色列會持續控制大部分的巴勒斯坦地區，且又因為這些地區永遠都會包括大量的巴勒斯坦居民，這也就只能以非民主的手段達成了。

此外，即便所有證據都指向相反的方向，以色列國仍宣稱占領行為屬於「開明」的占領。這裡的迷思是「以色列帶著好意而來，要以良善的方式占領，但由於巴勒斯坦的暴力行為，它被迫採取更強硬的態度」。一九六七年，以色列政府將約旦河西岸和加薩走廊地區視為「以色列地」理所應當的一部分，而這種態度也延續至今。當你觀察以色列左翼與右翼諸黨派在這個議題上的論辯時，它們論點的歧異只在於如何達成目標，而不是這個目標是否站得住腳。

不過，更廣泛的大眾之間則存在著一種真正的論辯，或可將這場辯論的雙方稱為「救贖者」與「看管者」。「救贖者」相信以色列已然收復了其家園的古老核心，而這個國家若沒有它，在未來便無法成活。相反地，「看管者」則主張這些領土應該作為和約旦與埃及換取和平的籌碼，將約旦河西岸交給前者，而加薩走廊則交給後者。[12]然而，在關鍵決策者思考該如何統治占領區時，這種公眾領域的辯論並沒有什麼影響。在這種「開明占領」的假設中，最糟的部分是政府管理這些土地的方式。一開始，這個區域被畫分為「阿拉伯區」與潛在的「猶太區」。那些已然有著稠密巴勒斯坦人口的區域成為自治區域，在軍事統治下由當地的合作者運行。直到一九八一年，這種政權才被民政部門取代。其他區域，也就是「猶太區」，則因猶太定居區與軍事基地進駐而被殖民。這項政策原先意在將約旦河西岸和加薩走廊的人口排除在外，使這兩個地區成為境外飛地，而其中非但沒有綠地，也沒有任何能使其都市擴張的機會。

情勢在完成占領後不久又急轉直下，當時忠信社群開始在約旦河西岸和加薩走廊地區定居，宣稱他們的殖民將追隨聖經的版圖，而非政府的決策。他們進入人口稠密的巴勒斯坦地區，讓當地人僅有的居住空間又進一步減縮。

一切殖民計畫的首要需求便是土地——在占領區中，只有透過沒收大量土地、將人民從其世代居住的地區驅離，並將他們圈禁在謀生艱難的飛地之中，這樣的目標才得以實現。當你從西岸地區的上空飛過，便能清楚看到這項政策帶來的災難性後果：連成帶狀的定居點分割了土地，將巴勒斯坦社群切成了更小型、孤立而支離破碎的社區。猶太化地帶不僅將村莊之間或村莊與城鎮之間分隔開來，有時也將單一村莊畫成兩部分。這就是學者所稱的災難地理，因為這些政策也造成生態上的災難：水資源已然枯竭，而巴勒斯坦地景最美麗的部分也被摧毀。此外，定居點更成為猶太極端主義恣意繁殖的溫床——最主要的受害者便是巴勒斯坦人民。以此觀點看來，埃弗拉特（Efrat）的定居點摧毀了伯利恆附近的世界自然遺產瓦拉賈峽谷（Wallajah），而拉姆拉附近以淡水運河著稱的賈夫納村莊（Jafneh）也失去了旅遊景點的價值。這還只是數以百計類似情形中的兩個事例而已。

在巴勒斯坦，屋舍的拆毀並不是什麼新現象。如同許多其他以色列自一九四八年以來便採取的更加殘暴的集體懲罰方式，拆屋的手段首先是在一九三六年至一九三九年阿拉伯大起義（Great Arab Revolt）期間由英國託管政府所構想並實施。那次起義是巴勒斯坦人第一次起身反抗英國託管政府的親錫安主義政策，而英軍也耗費了三年時間才得以平亂。在這個過程中，作為對當地居民的集體懲罰，他們拆毀了約莫兩千多間房屋。[13]以色列幾乎從其軍事占領約日河西岸和加薩走廊的第一天起，就開始拆毀該地的房屋。為了對付各個個別家庭成員的各種行為，軍隊每年都炸毀了數以百計的房舍。[14]不管是略微違反軍事統治的法規，還是參與反抗占領政權的暴力行動，以色列當局都會立刻派出推土機夷平一切；所夷平的不只是有形的建築物，更是巴勒斯坦人生活和生存的核心。在耶路撒冷及其周圍地區（如同以色列境內），房屋拆除也是懲罰房屋違章擴建或是帳單積欠的手段之一。

以色列近期再次採取的另一種集體懲罰的形式是封鎖房屋。試想一下：你家中的所有門窗都被水泥、砂漿和石礫封堵，且讓你根本無法再次返家或取回未能及時取出的物品。我在我的史書收藏中翻山倒海，試圖找到另一個範例，但沒有任何證據能顯示其他地方曾實施過如此冷酷的手段。

最後，在「開明占領」的統治下，定居者被允許組織自衛幫派，騷擾巴勒斯坦人並摧毀他們的財產。這些幫派也與時俱進地改變了他們的手法。在一九八〇年代，他們採用真正的恐怖主義手段——包括攻擊巴勒斯坦領袖（一人在此類襲擊中失去雙腿）以及策畫炸毀耶路撒冷聖殿山（Haram al-Sharif）上的清真寺。在這個新世紀，他們則日夜騷擾巴勒斯坦人：將巴勒斯坦人的樹木連根拔起，摧毀他們的莊稼，更隨機對他們的房屋和車輛進行槍擊。從二〇〇〇年以來，在希伯崙等區域，每個月至少都有一百起類似的襲擊事件見報，而希伯崙也有五百名定居者在以色列軍隊的噤聲與配合之下，以更殘暴的方式騷擾附近的當地居民。[15]

打從占領一開始，巴勒斯坦人就只有兩個選項：接受被永久監禁在這巨大監獄裡的現實，或是冒死挑戰中東最強大軍隊的武力。當巴勒斯坦人民起身反抗時——如同一九八七年、二〇〇〇年、二〇一二年、二〇一四年和二〇一六年所發生的一般——總被當作常規軍隊的士兵和作戰單位看待。因此，村莊和城鎮被視為軍事基地而遭受轟炸，手無寸鐵的平民也被視為戰場上的軍隊被射殺。我們如今對《奧斯陸協議》前後軍事占領之下的生活已經知道得太多了，使得我們根本無法認真看待以色列這種「不抵抗就不壓迫」的聲稱。多年來，許多人都親身經歷了在未審判的狀況下被逮捕；數以千計的房舍被拆除；無辜百姓的死傷；水井的乾枯——這些事實都見證了我們這個時代最嚴酷的當代政權之一。國際特赦組織（Amnesty International）每年都發表文件，全面性地記錄占領政權下的現實。以下引文摘自它二〇一五年的報告文件：

> 在西岸地區，包括東耶路撒冷，以色列軍力非法殺害了包括兒童在內的巴勒斯坦平民，也拘留了數以千計抗議或反對以色列持續性軍事占領的巴勒斯坦人，亦有數百人被行政羈押。免於任何責任追究的凌遲及其他虐待手段仍相當猖獗。當局持續在西岸地區推動非法定居，並且嚴重限制巴勒斯坦人的移動自

> 由，而自十月以來，巴勒斯坦人對以色列平民發動攻擊，而以色列軍隊也對巴勒斯坦人動用私刑，使得暴力行動持續升級，也讓相關限制不斷緊縮。西岸的以色列定居者對巴勒斯坦人及其財產發動攻擊，卻幾乎享有免罰保障。加薩走廊持續受到以色列軍隊的封鎖，藉以作為對當地住民的集體懲罰。當局持續拆毀西岸地區及以色列境內的巴勒斯坦房舍，特別是內蓋夫區域的貝都因村落，並且強制驅離其住民。[16]

讓我們分幾個階級來檢視。首先是暗殺——國際特赦組織將其稱為「非法殺害」：一九六七年以來，大約有一萬五千名巴勒斯坦人被以色列「非法」殺害，包括兩千名兒童。[17]「開明占領」的另一個特點是未經審判的監禁懲處。在西岸和加薩走廊地區，每五個巴勒斯坦人就有一個曾有過這種經驗。[18]若比較以色列的作法和美國昔今類似政策的異同，會相當耐人尋味，因為「抵制、撤資與制裁運動」（Boycott, Divestment, and Sanctions，簡稱 BDS 運動）表示，美國的作法比以色列更加惡劣。事實上，美國的作法中最糟糕的例子，是在第二次世界大戰期間在未審判的情況下監禁了十萬名日本裔公民，此後又有三萬人在所謂的「反恐戰爭」中遭到羈押。然而，這些數據和曾經經歷這些過程的巴勒斯坦人人數卻是相去甚遠——其中有著幼小、年老以及被長期監禁的巴勒斯坦人。[19]未經審判就遭到監禁是種會造成創傷的經驗。不知道被指控的罪名、無法與律師聯絡，以及難以和家人聯繫，這些都只是你作為囚犯所受到的各種影響中的一小部分而已。更殘酷的是，許多逮捕的事例都被作為施壓人民而迫其合作的手段。散播關於人們被聲稱或真實性取向的謠言，或是藉此加以羞辱，也是操弄牽連的常用手段。

至於凌遲行徑，一個資訊可靠的網站「中東觀察」（Middle East Monitor）曾發表一篇使人痛心的文章，描述了以色列兩百種刑求巴勒斯坦人的方式。這份列表的資料來自聯合國及以色列人權組織卜采萊姆（B'Tselem）的報告。[20]除了許多其他手段，還包括毆打、將囚犯栓在門邊或椅上長達數小時、在他們身上潑冷水或熱水、拉扯他們的手指，以及扭轉他們的睪丸。

因此，我們必須挑戰的，不只是以色列施行開明占領的主張，也是其身上的民主偽裝。以色列針對數百萬名其政權之下人民的行徑，正是可拆穿其政治騙局的歷歷證明。然而，儘管世界上大多數的公民社會都看穿了以色列偽裝的民主，但這些社會的政治菁英仍然基於各種理由將以色列納為民主俱樂部的一員。在許多方面上，BDS運動的盛行，便反映了這些社會對於其政府以色列政策的挫敗感。

這些相反的論據對大多數以色列人而言，好一點的認為和自己並無干係，而最壞的則認為是惡意造謠。在以色列國的論點中，它仍然堅持自己是仁慈的占領者。猶太公民普遍認為，「開明占領」的意涵，就是巴勒斯坦人在占領下會過得更好，而他們根本沒有抗拒的理由，更別說是以武力反抗了。如果你是個不太習於批判的以色列海外支持者，你也會接受這些假設。

然而，在以色列社會裡，也確實有部分人士肯認本書主張的憑據。一九九〇年代，相當數量的猶太學者、記者和藝術家都曾發聲，在不同程度上質疑以色列是否真是個民主國家。要挑戰自己身處的社會和國家的建國神話，是需要勇氣的。這也是為何有不少人從這個勇敢的立場上撤退，回頭支持主流的論述。無論如何，在一九九〇年代裡的一陣子，這些人產出了不少作品去挑戰以色列作為民主政權的假設。在他們的描繪下，以色列屬於另一種國家，也就是非民主制國家。一位本－古里安大學（Ben-Gurion University）的地理學家易夫塔切爾（Oren Yiftachel）便將以色列敘述為族群制國家（ethnocracy）：一個多族群的國家，卻有著一個在形式與法律上都偏好某個族群的政權。[21]其他人則進一步將以色列貼上種族隔離國家或定居殖民主義國家的標籤。[22]言而總之，無論這些抱著批判態度的學者會如何描述以色列，「民主」都不在他們的選項之中。

第八章　奧斯陸神話

一九九三年九月十三日，以色列當局和巴解組織（Palestine Liberation Organization，簡稱 PLO）[1]在時任美國總統的柯林頓（Bill Clinton）支持下，於白宮草坪上簽署了《奧斯陸協議》。而後，時任巴解組織領袖的阿拉法特（Yasser Arafat）、以色列總理拉賓和以色列外交部長裴瑞斯（Shimon Peres）因這份協議獲頒諾貝爾和平獎。《奧斯陸協議》是為一九九二年以降冗長談判之結束。在那年之前，以色列當局拒絕和巴解組織直接商議約旦河西岸和加薩走廊的命運，或總的來說，以色列拒絕對巴勒斯坦相關問題進行談判。數屆以色列政府總偏好和約旦協商，然而，自一九八〇年代中期起，以色列政府允許巴解組織代表加入約旦代表團。

《奧斯陸協議》：排除巴勒斯坦人回歸權的分治方案

以色列當局之所以改變態度，並啟動和巴解組織的直接談判，背後有幾項原因。首先是一九九二年工黨在大選中的勝利（這是工黨自一九七七年以來首次勝選），以及比從前聯合黨領導的政權更傾向解決政治問題的政府組成。新上任的政府瞭解到，任何有關巴勒斯坦的問題，都得交付巴解組織於突尼斯的總部決定，因而當局每每嘗試和巴勒斯坦本地領袖直接討論自治問題時，總會無法獲得即時回應。因此，和巴解組織直接溝通會更有效。

第二項原因則涉及以色列當局源於馬德里和平方案（Madrid peace initiative）的擔憂——馬德里和平方案是美國在第一次波斯灣戰爭結束後發起的一項大業，旨在讓以色列當局、巴勒斯坦人民以及阿拉伯世界其餘諸國合作，以尋求戰後解方。時任美國總統的老布希（George Bush Sr.）及其國務卿巴克（William Baker），在一九九一年發起了這項方案。這兩位政治家主張以色列才是和平路上的阻礙，並對其施壓，且要求以色列政府停止建設定居點，以便考慮兩國分治方案。當時，以色列與美國之間的關係正處在空前冰點。新任以色列政府也開始與巴解組織有了直接的聯繫。一九九一年的馬德里和會及其背書的種種和平行動，或許可說是美國首次基於以色列撤出占領區的立場，真的試圖要尋找西岸和加薩走廊問題的解方。以色列政治菁英則希望讓此計畫胎死腹中，因而加以阻撓。他們偏好起草自己的和平提案，並說服巴勒斯坦人接受。阿拉法特對馬德里方案也不甚滿意，因為在他眼中，以加薩領袖阿卜杜勒－沙非（Haidar Abdel-Shafi）和來自耶路撒冷的胡賽尼（Faysal al-Husseini）為首的占領區本地領導階層在談判中占盡先機，從而威脅了他的領袖地位和人民對他的愛戴。

因此，位於突尼斯的巴解組織和耶路撒冷的以色列外交辦公室便在馬德里和平進程持續進行的同時，開始了暗中談判。他們在挪威的和平研究機構法佛（Fafo）找到願意居中調解的人士。雙方團隊最終在一九九三年八月公開會面，並在美方參與下完成了《奧斯陸協議》的簽訂。一九九三年九月，大量的矯情戲碼在白宮草坪上演，《奧斯陸協議》一被簽訂便被譽為以巴衝突的終點。

兩則神話與奧斯陸進程相關。第一則神話，是奧斯陸進程無疑是項和平進程；第二則神話，是阿拉法特為了顛覆奧斯陸進程，蓄意發動第二次巴勒斯坦大起義，而這是針對以色列的恐怖行動。

第一則神話誕生在一九九二年以巴雙方對於解方的渴望之中。然而，當神話破滅了，一場興師問罪的比賽便隨即上演。以色列的強硬路線份子將矛頭指向巴勒斯坦領袖階層。這波指控中出現了一種略微不同的自由派錫安主義版本，他們既怪罪阿拉法特、也認為以色列右派勢力責無旁貸，也特別指出納坦雅胡（Benjamin Netanyahu）造成二〇〇四年巴解組織領袖身亡之後的政治僵局。無論就哪種情況而言，這波和平進程都被認為是一段真正的進程，即便它還是失敗了。但事實的真相其實更為複雜。這項協議的條款是不可能達成的。若說阿拉法特拒絕兌現巴勒斯坦方於一九九三年《奧斯陸協議》中許下的承諾，這種主張並禁不起考驗。他無法強行實現這些根本不可能被保證的承諾。例如，在協議中，以色列呼籲巴勒斯坦當局作為其占領區內的「外包保全公司」，更要保證抗爭行動不會發生。含蓄點來說，以色列期望阿拉法特能接受他們對《奧斯陸協議》提及的「最終和平協議」的詮釋，完全不由分說。在二〇〇〇年夏的大衛營（Camp David）峰會中，以色列對巴解組織領袖提出已成既定事實的己方詮釋，而此刻巴勒斯坦方領導人正在和以色列總理巴拉克（Ehud Barak）與美國總統柯林頓斡旋最後協議。

巴拉克要求巴勒斯坦國必須廢除一切武力軍備，並將首都設在耶路撒冷附近的村莊阿布迪斯（Abu Dis），且其疆域並不包含約旦河西岸部分地區，例如約旦河谷、西岸的大型猶太定居區以及大耶路撒冷區域。未來的巴勒斯坦國在經濟與外交政策上無法獨立，只能在部分國內事務上維持自治（例如教育系統、稅收事務、地方政府、警政單位以及地方基礎建設維護相關事宜的運行）。這項協議的成形，是為了標誌衝突的結束，並進一步防止巴勒斯坦方在未來提出任何訴求（例如一九四八年巴勒斯坦難民的回歸權）。

這項和平進程從一開始便注定會虎頭蛇尾。要瞭解奧斯陸進程的挫敗是如何發生的，便必須將分析的視角放得更廣，並將所有事件與在《奧斯陸協議》中未處理的兩項原則相互連結。第一項是地理或疆域的分割具有優先地位，並被視為和平的唯一基礎；第二項則是對巴勒斯坦難民回歸權的否決，並在談判桌上對其絕口不提。

實際分割領土是處理當地衝突最佳方案的說法，首見於一九三七年，為英國皇家委員會發布的《皮爾調查報告》（*The Peel Report*）的一部分。當時，錫安主義運動建議約旦（當時稱為外約旦〔Transjordan〕）應該併吞「巴勒斯坦的阿拉伯地區」，但遭到巴勒斯坦人民的否決。[2]這項提議而後在一九四七年十一月的聯合國分治決議案中被重新採納為最佳方案。聯合國指派了特別調查委員會（也就是聯合國巴勒斯坦問題特別調查委員會），試圖找到解方。委員會中的成員來自不同國家，而這些國家要不是對巴勒斯坦沒什麼興趣，要不就是一無所知。作為巴勒斯坦代表機構，阿拉伯最高委員會和阿拉伯國家聯盟抵制巴勒斯坦特別調查委員會，並拒絕與之合作。這個決定讓權力出現真空，而後由錫安主義外交官員和領導人填補，他們將自己的主意灌輸給巴勒斯坦特別調查委員會，作為可能的解方。他們建議在巴勒斯坦土地八成以上的疆域建立一個猶太國家，而委員會將其降到了百分之五十六。[3]為了換取雙邊協議，埃及和約旦都表示願意承認以色列在一九四八年接管巴勒斯坦的正當性（以色列最終分別與埃及和約旦在一九七九年和一九九四年簽訂了雙邊協議）。

透過一九六七年後美國領導的一系列動作，領土分治的點子隨後又以各種不同的名目和指稱重新出現。它隱含在新一波的論述潮流裡，也就是「以領土換取和平」，而每個和平談判人員都將之視為神聖公式——以色列撤出越多領土，該國便能得到越多和平。如今，以色列能撤出的領土，已經剩下他們在一九四八年未占領土地的兩成了。當時，這種想法的本質，是讓以色列和其承認的和平夥伴（在一九八〇年代晚期之前，這個夥伴指的都是約旦，在這之後則是巴勒斯坦人民）分治剩餘的兩成土地，並以此建立和平的基礎。

並不令人意外的是，這也隨之成為在奧斯陸開展的一系列討論背後邏輯的基石。然而，人們總是輕易地忘記：在歷史上，每次一有分治方案提出，更多的流血衝突便會隨之發生，而人們渴望的和平也隨著胎死腹中。確實，巴勒斯坦眾領袖從未要求分治。分治方案從來就是錫安主義及而後的以色列單方面的主意。此外，以色列方要求的土地配比，也隨著其勢力漸增而越來越大。因此，當分治方案漸漸得到國際支持，巴勒斯坦人民也逐漸開始將其視為以色列另一種形式的攻擊戰略。只是由於缺乏替代方案，巴勒斯坦各界才接受了這一系列的安排，因為分治方案在談判的條件中已經算是兩害相衡之輕。在一九七〇年代早期，法塔赫將分治方案視為完全解放路上一個必要的工具，但它本身並不是最終和平協議。[4]

因此，事實是若沒有施加極端的壓力，當地原居人口根本就沒有理由自願將家園拱手讓出，與外來的定居者分治。因此我們便該承認，奧斯陸進程根本就不是建立在公正且平等基礎上的和平追求，而是戰敗且被殖民的人民被迫妥協的結果。也就是說，巴勒斯坦人民被迫找尋解方，但這個解方卻與他們的利益背道而馳，更威脅他們的生存。

相同的論點也一樣適用在與奧斯陸進程提出的「兩國方案」相關的論辯上。人們應該要看穿這項提議的本質：這不過是措辭不同的分治方案。即便在這個場景下，儘管論辯的措辭看似不同，但以色列還是不只能決定要讓渡多少領土，也能決定未讓渡領土的命運。雖然對巴勒斯坦建國的承諾，最初說服了世界各國與一些巴勒斯坦人，但這份承諾也很快就變成空洞。無論如何，撤出占領區與建國這兩個密不可分的概念，被成功地包裝為奧斯陸一九九三年一項和平協議的一部分。以巴雙方在白宮草坪上共同簽下協議後，僅僅數週內，山雨欲來之勢已然降臨。該年九月底之前，《奧斯陸協議》模糊其詞的原則，在實地上已經根據《奧斯陸二號協議》（Oslo II，或稱《塔巴協定》〔Taba Agreement〕）[5]被轉譯成另一種新的地理現實。這不只包括將約旦河西岸和加薩走廊分割成「猶太」區和「巴勒斯坦」區，更進一步將所有巴勒斯坦地區畫成更小的村鎮或班圖斯坦（Bantustan）。[6]一九九五年和平地圖所呈現的，是一系列被瓜分的巴勒斯坦地帶，如一些評論家所言，那看起來就像一塊瑞士起司。[7]

當一切的謀畫變得清晰，談判的次數便明顯減少了。在二〇〇〇年夏的最後一次峰會之前，巴勒斯坦社會運動者、學者以及政治家都認知到他們支持的進程，並未真正讓以色列從占領區撤軍，也未如承諾般地讓巴勒斯坦人真正建國。以色列的虛偽喬裝被揭穿，一切進展也凝滯不前。緊接而來的絕望感，也成為二〇〇〇年秋第二次巴勒斯坦大起義爆發的最後一根稻草。

奧斯陸和平進程並不只是因其對分治方案原則的信仰而失敗。在原本的《奧斯陸協議》中，以色列承諾只要五年過渡期成功過去，他們就會針對困擾巴勒斯坦人最深的三個議題進行談判——耶路撒冷的命運、難民議題，以及以色列殖民區議題。在過渡期中，巴勒斯坦方必須證明，他們能夠有效率地承包以色列的國安業務，並預防任何針對這個猶太國家及其軍隊、定居者和公民的游擊戰或恐怖攻擊。在《奧斯陸協議》的承諾中，當第一階段的五年過去了，便要展開第二階段，討論對巴勒斯坦人民來說更重要的議題，然而事實卻非如此。納坦雅胡政府宣稱，由於巴勒斯坦人「不乖」（包括他們「在學校煽動」對士兵、定居者和公民的恐怖攻擊，而且他們對恐怖攻擊譴責得不夠強硬），所以第二階段無法開始。然而，和平進程事實上主要是因為以色列總理拉賓在一九九五年被暗殺而陷入停滯。在暗殺案發生後，納坦雅胡領導的聯合黨在一九九六年大選取得勝利。新總理對《奧斯陸協議》的公開反對，等於是在進程的路上踩了煞車。即便美國強迫納坦雅胡重啟談判，但在巴拉克領導的工黨於一九九九年重新掌權之前，這項進展都極為緩慢。巴拉克決心以一項最終和平協議完成這項進程，而這股衝勁也獲得柯林頓政府的大力支持。

二〇〇〇年夏，以色列在大衛營峰會中提出最終提案，提議建立一個小型的巴勒斯坦國，並令其以阿布迪斯作為首都，但以色列不會裁撤任何定居點，而巴勒斯坦難民的回歸也是無望。在巴勒斯坦方拒絕這項提案後，以色列外交次長貝林（Yossi Beilin）試圖以非正式的方式提供一項更合理的提案。在難民議題上，他當時同意讓難民回歸到未來成立的巴勒斯坦國，並象徵性地將他們遣送回以色列。但這些非官方條款從未被以色列國批准。（多虧了人稱「巴勒斯坦文件」〔Palestine papers〕的機要資料外洩，我們如今能更深入瞭解這些談判的本質，而讀者若希望能自己檢驗二〇〇一年至二〇〇七年間談判的其他方向，可以查看這項已可取得的資料來源。）[8] 然而，在談判破裂之時，不妥協的指控還是落到巴勒斯坦領導階層，而不是以色列政治家身上。無論是對參與其中的各方代表，還是對希冀分治方案能成功的慎重期盼，這樣的指控都造成了傷害。

將巴勒斯坦人的回歸權排除於議程之外，是《奧斯陸協議》算不上和平進程的第二個理由。雖然分治方案原則將「巴勒斯坦」縮減至約旦河西岸和加薩走廊的範圍內，然而，一旦將難民與以色列境內巴勒斯坦少數族群的議題排除之後，「巴勒斯坦人民」的數量便減少至不到巴勒斯坦民族的半數了。對難民問題的置之不理，早已不是什麼新鮮事。自從英國託管時期後巴勒斯坦的和平努力開展以來，這些舉措總是壓抑巴勒斯坦難民，對其視而不見。一九四九年四月的洛桑會議（Lausanne Conference），是針對一九四八年後巴勒斯坦議題所召開的第一次和平會議，但自從那場會議以來，難民問題就被排除在和平議程之外，也被分離於「巴勒斯坦衝突」的概念之外。以色列之所以會參與該次會議，只是因為與會是作為聯合國正式會員國而受到國際接受的前提，[9] 而聯合國也要求以色列簽署一份稱為《五月條約》（May Protocol）的協定，承諾遵守一九四號決議案的條款，包含無條件召回巴勒斯坦難民，讓他們回歸家園或提供賠償。一九四九年五月，協定簽署後一日，以色列正式加入聯合國，也立刻撤回遵守條約的承諾。

在一九六七年六月的戰爭後，全世界大致上接受了以色列的說法：巴勒斯坦的衝突源於該場戰爭，且在本質上是對於約旦河西岸和加薩走廊未來安排的掙扎。一些阿拉伯政權也接受了這種概念，不再將難民問題視為一個議題。然而，各地的難民營很快就變成蓬勃的政治、社會及文化活動基地。例如，巴勒斯坦解放運動便是在難民營中重生的。只有聯合國持續在幾項決議案中提及，國際社會有義務確保巴勒斯坦難民得以完全且無條件地歸鄉——這項承諾首見於一九四八年通過的一九四號決議案。時至今日，聯合國旗下仍有一個名為「巴勒斯坦人民行使不可剝奪權利委員會」（Committee for the Inalienable Rights of the Palestinian Refugees）的組織，但它對和平進程影響不大。

《奧斯陸協議》也不例外。在這份文件中，難民問題被藏在一項子條款裡，在連篇累牘中幾乎難以看見。巴勒斯坦的盟友也使得協議的視聽遭到混淆，雖然可能是出於疏忽而非故意，但結果都一樣。難民問題——也就是巴勒斯坦衝突的核心，也是所有巴勒斯坦人，或是任何同情巴勒斯坦處境的人，無論身在何方都會承認的事實——在《奧斯陸協議》相關文件中被邊緣化了。這個議題反而被交給一個短命的多邊組織解決，但它被要求關注在一九六七年戰爭產生的難民上，也就是在六日戰爭後被驅逐或離開的巴勒斯坦人。《奧斯陸協議》事實上取代了在一九九一年馬德里和平進程中所誕生的雛形，也就是在聯合國大會一九四號決議案的基礎上，成立一個討論難民議題的多邊組織。這個組織由加拿大（它只將難民回歸權視為一項神話）於一九九四年領導進行，但隨即便消聲匿跡。無論如何，這個組織在沒有任何官方公告的狀況下便停止召集會議，而一九六七年難民（人數超過三十萬）的命運也就此被棄之不顧了。[10]

《奧斯陸協議》自一九九三年以降的實施，也只讓事態每況愈下。該協議要求巴勒斯坦領導階層放棄難民回歸權。因此，只有在「巴勒斯坦實體」被畫分成行政區而轉型為班圖斯坦的五年後，巴勒斯坦的領袖階層才能在協調巴勒斯坦問題最終和平協議之時，被允許表達他們對處理難民問題的冀望。無論如何，以色列國都握有定義討論中話術的權利，並選擇如何區分兩者：一方面將「難民問題」的提出視為巴勒斯坦人具有正當性的不滿情緒，另一方面也將巴勒斯坦方對「回歸權」的要求視為對以色列的挑釁。

為了挽救協議，二〇〇〇年的大衛營峰會可說是孤注一擲，但難民議題還是沒有什麼進展。二〇〇〇年一月，巴拉克政府展示了一份得到美國談判代表認可的文件，並設定了談判的範圍。這猶如以色列的一道敕令，而直到峰會在夏季召開之前，巴勒斯坦方都未能成功提出一份反方提議。最終的「談判」，實際上就是以色列和美國一起不遺餘力地要巴勒斯坦人接受這份文件，包括以色列對巴勒斯坦人回歸權明確而斷然的拒絕。至於有多少難民能回歸到巴勒斯坦自治政府所控制的領土上，則可以再討論，雖然所有相關代表都心知肚明，這些早已人滿為患的地區根本無法再吸收更多的人口，而以色列和巴勒斯坦其餘地區卻還有大把的空間可以吸納歸國的難民。這部分的討論只是個無意義的表面功夫，只是為了平息任何批評而提出，沒有提供真正的解方。

所以，一九九〇年代所謂的和平進程根本是子虛烏有。奧斯陸進程不但堅持施行分治方案，又從議程中排除難民議題。說得最好聽，也只是重新調整軍事部署，以及重新安排以色列對西岸和加薩走廊地區的控制罷了。說得難聽點，它還開創了一個新的控制系統，讓占領區巴勒斯坦人的生活變得比以往更糟糕。

一九九五年後，作為一個摧毀巴勒斯坦社會、而非帶來和平的因素，《奧斯陸協議》的影響變得極其明顯。在拉賓遭暗殺、納坦雅胡於一九九六年勝選之後，《奧斯陸協議》變成打高空的和平論述。在談判期間（一九九六年至一九九九年），以色列建造了更多定居點，也對巴勒斯坦人民施加了更多的集體懲罰。即便你相信一九九九年的兩國方案，但只要到約旦河西岸或加薩走廊走一遭，也會讓你對以色列學者本韋尼斯特（Meron Benvenisti）的說法心服口服，他表示以色列在當地製造了各種無法逆轉的現實：兩國方案是以色列親手扼殺的。[11]由於奧斯陸進程並不能算是真正的和平進程，巴勒斯坦人的參與以及不願繼續參與，並不是以色列人口中宣稱的不妥協以及暴力政治文化的跡象，而是對以色列外交操作的自然反應，因為以色列藉此鞏固並加深對占領區的控制。

二〇〇〇年大衛營峰會破局的真相

這引出了第二項關於奧斯陸進程的神話：阿拉法特的不願妥協，讓二〇〇〇年的大衛營峰會注定破局。這裡有兩個問題必須解答。首先是，二〇〇〇年在大衛營究竟發生了什麼事，而誰又對峰會的破局難辭其咎？再者，有誰該為第二次巴勒斯坦大起義的暴力事件負責？這兩項提問將幫助我們直接面對這項普遍的假設：黷武窮兵的阿拉法特之所以前往大衛營是為了破壞和平進程，當他回到巴勒斯坦時亦心意已決，非得發動新一波的巴勒斯坦大起義。

在回答這兩項問題之前，我們應該重提當阿拉法特前往大衛營時，占領區內的實況為何。在此，我主要的立論如下：阿拉法特來到大衛營，是為了扭轉當時現況，而以色列與美國抵達之時，則已決心維持現況。奧斯陸進程讓占領區的地景災難橫生，這意味著在《奧斯陸協議》簽訂之後，巴勒斯坦人的生活品質比起以往還要更加惡劣。早在一九九四年，拉賓政府便已強迫阿拉法特接受他們對《奧斯陸協議》如何實地施行的詮釋。約旦河西岸被畫成聲名狼藉的A、B、C三個分區。C區占西岸地區的一半，由以色列直接管轄。要在這些分區之間或之內移動，變得近乎不可能，而西岸地區也從加薩走廊地區隔絕開來。加薩走廊諸地區也被分別畫分給巴勒斯坦人和以色列定居者，後者掌控了大部分的水資源，並居住在以鐵絲網團團圍起的封閉社區中。如此一來，這所謂的和平進程，最終導致了巴勒斯坦人生活品質的惡化。

當阿拉法特在二〇〇〇年夏抵達大衛營時，這便是他面對的現況。巴勒斯坦那些不可逆轉的現實，讓兩國方案的想法化成一種安排：在最好的狀況下，巴勒斯坦人會被允許成立兩個小規模的班圖斯坦，而在最壞的狀況下，以色列因而可以併吞更多領土——而阿拉法特被要求為此最終和平協議簽結。這項協議也強迫他放棄巴勒斯坦方在未來提出任何要求的權力，或是提議得以減輕大部分巴勒斯坦人民日常苦難的方法。

對於大衛營峰會究竟發生了什麼，我們有一份真實可信的報告可以參考，這份報告來自美國國務院的阿格哈（Hussein Agha）和馬利（Robert Malley）。[12] 他們詳細的記載見於《紐約書評》（*New York Review of Books*），其中首先駁斥了以色列對於阿拉法特搞砸峰會的主張。這篇文章的立論指出了阿拉法特主要的問題：在奧斯陸進程開始的數年以來，占領區巴勒斯坦人民的生活品質不升反降。根據這兩名美國官員，阿拉法特曾相當合理地建議，與其在兩週內「為了一勞永逸地了結衝突」而草草結束峰會，以色列應該同意實施某些舉措，藉以恢復巴勒斯坦人對和平進程成效和益處的信心。附帶一提，兩週的議期並不是以色列要求的，而是柯林頓考慮其政績而堅持的愚蠢時限。

阿拉法特明確指出，在可行的討論範圍裡有著兩項主要的提案，若能接納便可改善當地的現況。第一項是減少西岸地區在奧斯陸進程後所增加的密集殖民計畫。第二項則是終結巴勒斯坦平民生活中日復一日受到的殘酷對待，例如對行動自由的嚴厲限制、頻繁的集體懲罰、未經審判的逮補行動，以及在檢查哨站反覆不斷的羞辱對待。在每一個以色列軍隊或民政機關（治理占領區的機構）和當地人民接觸的地區裡，都曾出現上列作為。

美國官員的證詞顯示，不管是以色列對猶太殖民區的政策，還是其對巴勒斯坦人的日常暴虐行為，巴拉克都拒絕改變。他採取了強硬立場，這讓阿拉法特無從選擇。如果巴拉克無法承諾立時改變當地現況，他提出的任何最終和平協議其實都沒什麼意義。可以預見的是，阿拉法特被以色列及其聯盟國指責為戰爭販子，在從大衛營返回後便立刻鼓動巴勒斯坦人發動第二次大起義。這裡的迷思，是第二次巴勒斯坦大起義為阿拉法特贊助、甚至計畫的一場恐怖攻擊。事實則為它是一場大型示威，是基於奧斯陸進程出賣了巴勒斯坦人民的不滿情緒，而夏隆的挑釁行動更是火上添油。二〇〇〇年九月，身為反對黨領袖的夏隆，帶著一大群保安人員和媒體記者在聖殿山招搖巡迴，點燃了抗議爆發的引線。

第二次巴勒斯坦大起義

巴勒斯坦人最初以非暴力示威表達憤怒情緒，卻被以色列粗暴地以武力鎮壓。

這種無情的壓制行動也導致更玩命的回應——面對中東地區最強大的軍力，自殺炸彈客便是孤注一擲的回應。以色列報社記者提供的有力證據顯示，他們對巴勒斯坦大起義初始階段的報導——非暴力社會運動遭到以色列軍隊鎮壓——是如何被編輯擱置一旁，只為了符合政府的敘事。以色列主要日報《新訊息報》（*Yeidot Ahronoth*）的副主編，便著書討論以色列媒體在第二次巴勒斯坦大起義的早期階段所製造的假訊息。[13]以色列的宣傳者則主張，巴勒斯坦人的行為不過印證了以色列資深金牌外交官艾邦的至理名言：巴勒斯坦人為了錯失和平的良機，絕不錯失良機。

如今，我們對觸發以色列激烈反應的因素有了更深的瞭解。兩名資深的以色列記者謝拉（Ofer Shelah）和德魯克（Raviv Drucker）為其著作《迴力鏢》（*Boomerang*）採訪了以色列的參謀總長與國防部的戰略學者，並為我們提供了內部資訊，以解讀這些官員對這項議題的思路。[14]他們的結論如下：二〇〇〇年夏，以色列軍隊因慘敗於黎巴嫩真主黨手中而士氣重挫。出於這次戰敗可能讓國軍顯得孱弱的恐懼，軍武展演便成為必須。在占領區內重申宰制地位，正是「無堅不摧」的以色列軍隊所需要的絕對實力展演。以軍被要求全副武裝全力回擊，於是他們照做了。二〇〇二年四月，內坦亞（Netanya）海濱度假村的一間飯店遭到恐怖攻擊，而以色列為了報復，第一次派遣軍機轟炸西岸稠密的巴勒斯坦城鎮和難民營。以色列不去追捕發動攻擊的個人，卻拿起最致命的重軍武力來對付無辜的人民。

在大衛營談判破局後，以色列和美國玩起了推卸責任的遊戲，以美另一個常用並時時以此提醒公眾輿論的說法，便是巴勒斯坦的領導者長期有著一個問題，就是他們在關鍵時刻會暴露出其好戰行徑。當時「巴勒斯坦方沒人能溝通」的主張又重新浮上檯面，因為以色列與歐美權威人士及評論家的分析經常以此總結。這樣的指控其實相當諷刺。以色列的政府和軍隊試著強行實施它們詮釋下的《奧斯陸協議》——也就是取得巴勒斯坦人的同意，好讓它們永久占領巴勒斯坦——但就算阿拉法特再怎麼疲軟懦弱，這都是難以接受的。他和其他諸多領袖本來大可領導其人民走上和解之路，卻被以色列視為目標，而大部分領袖（阿拉法特大概也是其中之一）都遭到暗殺。目標性地殺害巴勒斯坦領袖，包括溫和派領袖，並不是這場衝突的新現象。以色列早在一九七二年就開始這項政策，暗殺了卡納法尼（Ghassan Kanafani），而這位詩人作家本能領導巴勒斯坦人民與以色列和解。這位世俗左派倡議者被視為眼中釘的事實，正象徵了以色列的角色扮演伎倆：先殺害這些本可成為其和平夥伴的巴勒斯坦人，而後又為沒有和平夥伴而「感到遺憾」。

二〇〇一年五月，美國總統小布希（George Bush Jr.）指派參議員米切爾（George Mitchell）為中東特使。米切爾提出了一份報告，闡述第二次巴勒斯坦大起義的起因，並決定「我們沒有任何基礎做出以下結論的任一種：一是巴勒斯坦自治政府在第一時間為發起暴力行動而制定了縝密計畫，另一則是（以色列政府）制定了縝密計畫而以致命武力作為回應」。[15]另一方面，他則譴責了夏隆前往阿克薩清真寺（al-Aqsa）及伊斯蘭諸聖地、褻瀆其神聖地位並引起暴亂的行為。

簡而言之，即便是權力被削弱的阿拉法特，都意識到以色列在二〇〇〇年對奧斯陸進程的詮釋，便意味著巴勒斯坦人民得以正常生活的任何希望已然破滅，巴勒斯坦人民的未來也注定更加水深火熱。在阿拉法特眼中，這般田地不僅在道德上大錯特錯，還會壯大認為對以色列的武裝抗爭是解放巴勒斯坦唯一坦途的人的力量。在每個時機點上，以色列都本可阻止第二次巴勒斯坦大起義的發生，但以色列的軍隊卻亟需一場「功成」的展演；直到二〇〇二年，「防禦盾牌行動」（Defensive Shield）野蠻上演，加上臭名遠播的「種族隔離牆」高高築起，以色列才暫時成功地平息巴勒斯坦人的起義。

第九章　加薩神話

在國際輿論中，巴勒斯坦的議題和加薩走廊地區有著密不可分的關係。自從以色列在二〇〇六年首次襲擊加薩走廊，直到近期於二〇一四年轟炸在當地生活的一百八十萬巴勒斯坦人民，對世界各地而言，這個地區發生的事情大致成了巴勒斯坦問題的縮影。在這章中，我將呈現三項誤導大眾對加薩當今暴力事件背後理解的迷思。巴勒斯坦人民被擠在世界上人口最稠密的地區之一而遭受苦難，這三項迷思同時也解釋了為何任何希望他們苦難得以結束的人都會感到無助的原因。

第一項迷思關乎加薩走廊地帶的主要行動者之一：哈瑪斯運動。其名源於「伊斯蘭抵抗運動」（Islamic Resistance Movement）的阿拉伯文首字縮寫，而 hamas 一詞在字面上亦有「熱忱」之意。在一九八〇年代下半，哈瑪斯脫胎於埃及伊斯蘭原教旨主義運動穆斯林兄弟會（Muslim Brotherhood）的一支地方派系。它最初是個慈善教育組織，但在一九八七年第一次巴勒斯坦大起義期間轉型為一項政治運動。翌年，哈瑪斯發布了一份憲章，稱唯有施行伊斯蘭政治教條方能解放巴勒斯坦。然而，哈瑪斯從未完整解釋或論證過這些教條該如何實施，或者其實質意義究竟為何。自創立以來，哈瑪斯一直都參與著自身和西方世界、以色列、巴勒斯坦自治政府與埃及之間的存亡之戰。

當哈瑪斯於一九八〇年代晚期嶄露頭角時，他們在加薩走廊地區主要的勁敵是法塔赫運動，而法塔赫運動是巴解組織中最主要的機構，也是該組織創始元老。在參與《奧斯陸協議》相關談判並成立巴勒斯坦自治政府（因此，巴解組織的主席，也是巴勒斯坦政府的總統和法塔赫運動的領導人）之後，法塔赫運動在巴勒斯坦人民間喪失了部分的支持。法塔赫運動是帶著強烈左翼色彩的世俗派民族主義運動，受到一九五〇和一九六〇年代第三世界解放運動意識形態的啟發，在本質上仍然致力於在巴勒斯坦為所有人民建立一個民主而世俗的國家。不過，基於戰略考量，法塔赫自一九七〇年代以降一直都支持兩國方案。哈瑪斯運動則樂見以色列從所有占領區全面撤離，並且也願意在議定任何未來的解決方案之前休戰十年。

哈瑪斯基於三點質疑了法塔赫：其支持《奧斯陸協議》的原則性態度、對社會和經濟福利的忽視，以及他們未能結束以色列占領的基本失職。二〇〇〇年代中期，哈瑪斯決定以政黨的形式參與地方性和全國性的選舉，使得它對法塔赫的挑戰變得更加值得關注。哈瑪斯在約旦河西岸和加薩走廊獲得的擁戴日益增加，這得益於它在二〇〇〇年第二次巴勒斯坦大起義中扮演的重要角色——哈瑪斯的成員自願成為人體炸彈，或至少在抵抗以色列占領的運動中扮演相對積極的角色（我們也應當承認，法塔赫運動的年輕成員在該次起義期間也表示了相同的態度和責任感。而法塔赫最具代表性的領袖之一巴爾古提〔Marwan Barghouti〕，也因其在該次起義中的參與仍在以色列服刑）。

二〇〇四年，阿拉法特之死導致巴勒斯坦領導階層的政治真空，而巴勒斯坦自治政府根據其憲法章程必須舉行總統大選。哈瑪斯運動杯葛了選舉的進行，並宣稱大選的舉行和奧斯陸進程之間的關係太過緊密，因而不夠民主。然而，哈瑪斯也確實在同年（二〇〇五年）參與了地方選舉，而且成績亮眼，得以控制占領區內超過三分之一的自治區政府。在二〇〇六年的國會（「巴勒斯坦政府立法議會」）大選中，它甚至還取得更大的勝利。哈瑪斯在選舉中的勝利，使它在議會中的席次明顯領先，因此有權組成政府——它確實在與法塔赫運動和以色列當局發生衝突前短暫地組織了政府。而後困難接踵而至，在約旦河西岸地區，哈瑪斯組成的政府遭到罷免，但它隨即接管了加薩走廊。哈瑪斯不願接受《奧斯陸協議》，拒絕承認以色列國，更奉行武裝鬥爭原則——這些都是我在此要檢驗的第一項迷思的背景資訊。哈瑪斯被媒體和司法單位烙上了恐怖組織的印記。我則主張哈瑪斯是一個解放運動，而且是具有正當性的解放運動。

我要探討的第二項迷思關注在以色列的一項決定上，這項決定導致加薩走廊的權力真空，不但讓哈瑪斯得以在二〇〇六年的大選中獲勝，也令它得以在同年推翻法塔赫政權。二〇〇五年，在將近四十年的占領之後，以色列首次單方面撤出加薩走廊，因此第二項迷思是以色列的撤出是一種和平或和解的表態，但哈瑪斯卻以敵意和暴力行動恩將仇報。如同我在本章所示，我們必須推敲以色列這項決定的根源，並仔細檢視這項決定對加薩的影響。事實上，我主張這項決定是以色列戰略的一部分，意在加強以色列對西岸地區的控制，並將加薩走廊地區變成一座能夠從外警備並監視的超大型監獄。以色列不只將其軍隊和特務單位從加薩走廊撤出，也煞費苦心地將其政府從一九六九年便開始送往該地的數以千計猶太定居者遷出。因此我主張，將這項決定視為以色列基於和平的表態是一項迷思。它更像是一種戰略上的軍事調動，讓以色列得以嚴正抗議哈瑪斯在大選中的勝利，更給加薩的居民帶來災難性的後果。

確實，我將檢視的第三項（也是最後一項）迷思是以色列的主張：其二〇〇六年以降的各項行動，都是出於自衛的反恐戰爭的一部分。就像我在其他場合曾主張的一樣，我敢大膽將其稱為一波針對加薩人民的漸進式種族屠殺行動。

哈瑪斯是恐怖組織？

哈瑪斯在二〇〇六年普選中的勝利，觸發了以色列國內一波恐伊斯蘭的浪潮。從此刻起，除了將巴勒斯坦人妖魔化為惹人嫌惡的「阿拉伯人」外，他們身上又被貼上「穆斯林狂熱份子」的標籤。伴隨著新頒布的一波激進反巴勒斯坦政策，各種仇恨言論讓占領區已然糟糕透頂的狀況更加惡化。

以色列的歷史上曾爆發過幾次恐伊斯蘭浪潮。第一波是在一九八〇年晚期，當時一小群巴勒斯坦工人（十五萬名勞工社群中的四十人）涉入了數樁針對其猶太雇主和過路旁人的刺殺事件。在攻擊事件發生後，以色列學者、記者和政客各界都將刺殺事件和伊斯蘭（同時指宗教和文化）畫上連結，而不去提及以色列的占領及占領區周遭有如奴隸買賣般的勞動力市場。[1] 在二〇〇〇年十月第二次巴勒斯坦大起義期間，爆發了另一波嚴重的恐伊斯蘭浪潮。由於這波武裝起義主要是由伊斯蘭團體發起——尤其是自殺炸彈客——所以對於以色列政治菁英和媒體而言，要在許多以色列人的眼中妖魔化「伊斯蘭」勢必簡單得多。[2] 二〇〇六年，哈瑪斯在巴勒斯坦國會大選中取得勝利，第三波恐伊斯蘭浪潮隨即開展。與前兩波浪潮相同的特徵，在第三波中也很明顯。最主要的特色，是第三波恐伊斯蘭浪潮將所有與穆斯林相關的事物，都簡單化約為與暴力、恐怖主義和不人道行為相關。

如同我在《以色列的理念》（*The Idea of Israel*）中所示，在一九四八年和一九八二年之間，對巴勒斯坦人的妖魔化，是建立於將其與納粹比較的基礎上。[3] 基本來說，這種「納粹化」巴勒斯坦人的過程，也同樣被運用在伊斯蘭信仰上，特別是穆斯林倡議份子上。只要哈瑪斯運動及其姊妹組織巴勒斯坦伊斯蘭聖戰運動（Islamic Jihad）仍然涉及軍事行動、游擊戰和恐怖主義活動，這種妖魔化的作法便會持續下去。實際上，以色列採取的極端主義修辭法，抹滅了巴勒斯坦伊斯蘭政治運動的豐富歷史，也抹去了哈瑪斯自成立以來便致力從事的各項社會和文化活動。

採取更中立的立場去分析便能證明，將哈瑪斯妖魔化為一群肆無忌憚的瘋狂極端份子是多麼牽強。[4] 就如同其他伊斯蘭政治運動一般，哈瑪斯運動所反映出的，是當地對於以色列占領殘酷現狀的一種複雜反應，也是當地人民對過去世俗派和社會主義派巴勒斯坦勢力帶領的迷途所做出的回應。不同於以色列、美國和歐洲各國政府，只要對當時狀況採取更深入的分析視角，就不會對哈瑪斯在二〇〇六年選舉中大獲全勝感到意外。諷刺的是，遠比其他人對選舉結果更加驚訝的，是專家和東方學家，更不用說是以色列的政客和情治首長了。尤其讓以色列的偉大伊斯蘭專家目瞪口呆的，是哈瑪斯大勝的民主性質。在他們的集體解讀中，穆斯林狂熱份子一定既不民主，也不受歡迎。這些專家對過去也有類似的誤解。自從政治伊斯蘭在伊朗和阿拉伯世界興起以來，以色列專家社群就好像親眼目睹不可能成真的事發生一樣。

以色列對巴勒斯坦人的評估，特別是對巴勒斯坦境內的伊斯蘭政治勢力，長期以來都充斥著各種誤解，以及隨之而來的誤判。一九七六年，第一屆拉賓政府允許約旦河西岸和加薩走廊地區舉行自治區選舉。他們錯估並認為親約旦派的老政客會在西岸地區當選，而加薩走廊則會青睞親埃及派。然而，壓倒性的多數選民把票投給巴解組織的候選人。[5] 這讓以色列大感震驚，但它其實不該意外。畢竟，巴解組織勢力和聲望的擴張，與以色列齊心想要限制或泯滅巴勒斯坦社會（無論是難民營或占領區）裡的世俗派和社會主義派政治運動的努力是平行的。哈瑪斯運動確實成為當地政局的重要參與者，而這還得多虧以色列為了要抵消世俗派法塔赫運動對當地人口的影響力而推行的政策，即鼓勵在加薩建置伊斯蘭教育機構。

二〇〇九年，科恩（Avner Cohen）向《華爾街日報》（*Wall Street Journal*）透露：「我得深感遺憾地說，哈瑪斯是被以色列創造出來的。」他曾在哈瑪斯於一九八〇年代晚期開始掌權之時在加薩走廊地區服役，同時也是占領區內宗教事務的負責人。[6] 科恩解釋了以色列是怎麼幫助慈善組織「伊斯蘭社會」（al-Mujama al-Islamiya，由雅辛長老〔Sheikh Ahmed Yassin〕於一九七九年成立）成為一股強大的政治運動勢力，並讓哈瑪斯運動在一九八七年從此一組織脫胎成立。雅辛長老是一位殘障、半盲的伊斯蘭神職人員，他創立了哈瑪斯運動，在二〇〇四年遭到暗殺前一直都是該組織的精神領袖。以色列主動與他接洽並提供協助，更承諾讓其慈善組織擴大規模。以色列方希望透過這位魅力非凡的領袖及其慈善和教育工作，能夠抵消加薩走廊與其他地區的法塔赫運動世俗派勢力。值得注意的是，在一九七〇年代晚期，與美國和英國不同，以色列視世俗派民族主義運動為西方世界最惡質的敵人

（時至今日它們卻為這些運動不復存在而嘆息）。

以色列記者艾爾達（Shlomi Eldar）在《認識哈瑪斯》（*To Know the Hamas*）中，也對雅辛和以色列當局的強烈連結述說了大致相同的故事。[7]在以色列的庇佑和支持下，「伊斯蘭社會」在一九七九年創立了一所大學、一套獨立的學校系統，以及一個清真寺和社團組織網絡。二〇一四年，《華盛頓郵報》就以色列與「伊斯蘭社會」在一九八八年轉型成哈瑪斯之前的緊密關係，得出了自己的一套非常類似的結論。[8]一九九三年，哈瑪斯成為《奧斯陸協議》的主要反對者。在《奧斯陸協議》仍有支持者時，大眾對哈瑪斯的擁戴程度有所下滑；然而，在以色列開始違背在談判中許下的幾乎所有承諾後，大眾對哈瑪斯的支持又再次攀升。在以色列違背的承諾中，特別重要的是其定居政策和對占領區平民所濫用的武力。

但哈瑪斯在巴勒斯坦人民之間受歡迎的程度，並不僅取決於《奧斯陸協議》的成敗。因世俗派的現代作風無法為占領區日常遭受的生活苦難找到解方，哈瑪斯更是擄獲了許多穆斯林（占領區多數人口）的青睞。就如同阿拉伯世界各地的伊斯蘭政治團體一般，因為世俗派運動無法提供就業機會、社會福利和經濟保障，許多人轉而尋求宗教力量，而宗教不但提供了慰藉，也建立了慈善機構和團結信徒的網絡。整體而言，中東與世界各地一般，現代化和世俗化只使得少數人得益，卻讓許多人不幸、貧窮和痛苦。宗教似乎是一顆萬靈丹——有時甚至是一種政治選項。

阿拉法特仍在世時，哈瑪斯運動拚盡全力才得以贏得公眾大部分的支持，但在二〇〇四年，阿拉法特之死製造了一時無法填補的權力真空。阿拉法特的繼任者阿巴斯（Mahmoud Abbas，綽號阿布．馬贊〔Azu Mazen〕）享有的正當性和尊重遜於前任領袖。事實上，以色列和西方諸國剝奪了阿拉法特的領導正當性，卻接受阿巴斯作為巴勒斯坦總統的身分，這降低了阿巴斯在年輕的世代間、落後的農村地區中以及貧困的難民營裡的聲望。在第二次巴勒斯坦大起義期間，以色列的鎮壓手法推陳出新——特別是建造隔離牆、設置路障和針對特定人士發動暗殺——這進一步削弱了大眾對巴勒斯坦自治政府的支持，並使得哈瑪斯運動的聲威上升。因此，做出這樣的結論並不過分：歷屆以色列政府竭盡所能地讓巴勒斯坦人民別無選擇，所以他們只能信任哈瑪斯並投下選票，因為哈瑪斯早已蓄勢待發，準備抵抗以色列的占領行為（對此，美國名作家謝朋〔Michael Chabon〕曾如此形容以色列的占領，「這是我此生見過最使人痛心的不公不義」）。[9]

無論在體制內外，大多數的以色列巴勒斯坦事務「專家」對哈瑪斯的崛起提出的解釋，無一不訴諸杭亭頓（Samuel Huntington）在新保守主義框架下為理解歷史運作所提出的「文明衝突」理論。杭亭頓將世界畫分為「理性」與「不理性」這兩個文化圈，而兩者必定會發生衝突。巴勒斯坦人將選票投給哈瑪斯，便形同證明自己站在歷史上「不理性」的那一邊——基於他們的宗教和文化，他們會持這種立場也是無可厚非。納坦雅胡在談論分裂以色列兩個民族的文化和道德鴻溝時，還用上了更露骨的措辭。[10]

巴勒斯坦的一些團體和個人因為許下要與以色列談判的承諾而聲名大噪，但他們的明顯失敗清楚地表示，人們似乎已無他法。在這種狀況下，伊斯蘭激進團體在將以色列人趕出加薩走廊上的明顯成功，則為人們提供了一些希望。然而，箇中意義不止於此。哈瑪斯如今已在巴勒斯坦社會中根深柢固，這得歸功於它透過提供教育、醫療和社會福利而減輕平民痛苦的真誠努力。同樣重要的是，不同於巴勒斯坦政府的態度，哈瑪斯對一九四八年難民回歸權的立場十分清晰而明確。哈瑪斯公開支持這項權利，而巴勒斯坦政府卻只釋出模稜兩可的訊息，包括阿巴斯在一次演講中漠視了自己回到家鄉采法特的權利。

以色列撤軍是和平的表態？

加薩走廊地區占巴勒斯坦的陸地面積僅略高過百分之二。無論加薩走廊在何時登上新聞版面，或是在西方媒體報導加薩二〇一四年夏發生的戲劇性事件之時，這等枝微末節的小事都未曾被提及。確實，這個地區是如此渺小，使得它在歷史上從未被視為單獨的區域而存在。在一九四八年巴勒斯坦被猶太化之前，加薩的歷史與巴勒斯坦其他地區並無二致，在行政或政治上也一直都和它們連在一起。作為巴勒斯坦通往世界的主要海陸門戶之一，加薩走廊往往能發展出更彈性而具世界觀的生活型態，和當代地中海東部其他門戶的社會型態並沒什麼不同。加薩座落於沿岸地區，更位於埃及和黎巴嫩之間的臨海大道（Via Maris）[11]上，這樣的位置帶來了繁榮和穩定——直到這種榮景在一九四八年被種族清洗打斷，而近乎被摧毀。

加薩走廊的定義是在一九四八年戰爭末期被創造出來的。以色列軍隊將數十萬巴勒斯坦人從雅法市及其南部地區推往貝爾謝巴，這便是所謂的走廊地帶。其他巴勒斯坦人則最晚在一九五〇年（也就是種族清洗末期）從馬吉達（Majdal，又稱阿什克倫〔Ashkelon〕）等城鎮被驅趕至走廊地帶。如此一來，巴勒斯坦的這一小塊農牧地帶，便成為地球上最大的難民營。在一九四八年到一九六七年間，這座大型難民營的區畫是根據以色列和埃及各自的政策所定，該地的出入交通也被兩國政策嚴格限制。以色列和埃及不准任何人離開加薩走廊，因此在居民數量成長一倍後，當地生活條件也變得更加嚴酷。在一九六七年以色列占領前夕，這種人口結構強制轉型的災難性本質已是顯而易見。在二十年間，巴勒斯坦南部這塊本來農牧發達的海岸地區，成為世界上人口最稠密的地帶之一，更沒有相對的經濟和就業基礎設施來支持其人口。

在被占領的頭二十年裡，儘管該地區受到圍欄封鎖，以色列確實允許居民在區域外從事某些活動。數萬巴勒斯坦人獲准以低技術低薪勞工的身分加入以色列勞動力市場。對此，以色列要求的代價是全然的投降。要是不遵守，當局便會取消工人自由活動的權利。在一九九三年《奧斯陸協議》簽訂前，以色列試圖使加薩走廊成為飛地，然而和平陣營則希望該地能夠自治，或者成為埃及領地。同時，民族主義右翼陣營則希望將它納入他們夢想建立的「以色列之地」中，不讓巴勒斯坦涉足。

《奧斯陸協議》使得以色列能夠重申加薩走廊的地位，也就是一個獨立的地理政治實體——不只脫離於巴勒斯坦整體之外，更是獨立於約旦河西岸之外。在表面上，加薩和西岸都由巴勒斯坦自治政府控制，但兩地之間若要有任何人員移動，都得取決於以色列是否願意開恩。以色列的恩惠很罕見，而在納坦雅胡一九九六年上台後則幾乎消失。同時，以色列控制了當地的水電基礎建設，時至今日仍然如此。從一九九三年開始，以色列就操弄著對水電的控制，一方面保證猶太定居社群的安逸生活，另一方面則以此勒索巴勒斯坦人口使其屈服。在過去的五十多年裡，加薩走廊的人民不得不做出選擇：在這個完全不適人居的空間裡，是要做戰俘、人質，還是囚犯。

我們應該在這樣的歷史脈絡下去檢視以色列和哈瑪斯自二〇〇六年以來的暴力衝突。有鑑於這種脈絡，我們應當拒絕將以色列的行動描述為「反恐戰爭」或「自衛戰爭」的一部分。若要將哈瑪斯描述為蓋達組織（al-Qaeda）的下線、伊斯蘭國（Islamic State）網絡的一部分，或者僅是伊朗控制該地區的煽動陰謀中的一顆棋子，我們也不該接受。若哈瑪斯在加薩的存在有什麼醜陋的一面，那便是該組織早期（二〇〇五年至二〇〇七年期間）針對其他巴勒斯坦派系所發起的行動。其中最主要的是在加薩走廊與法塔赫的衝突，當時雙方之間的摩擦最終爆發為一場公開的內戰。這場衝突爆發於哈瑪斯在二〇〇六年贏得立法議會大選並組成政府之後；政府裡包括一名負責安防的哈瑪斯部長。阿巴斯總統試圖削弱哈瑪斯的勢力，將負責安防的大任轉交給巴勒斯坦特工的負責人——一名法塔赫成員。作為回應，哈瑪斯則在加薩走廊建立了自己的安防部隊。

二〇〇六年十二月，總統親衛隊（Presidential Guard）和哈瑪斯的安防部隊在拉法赫（Rafah）口岸爆發了一場暴力衝突，這場衝突觸發了雙方之間一場持續到二〇〇七年夏的對峙。總統親衛隊是法塔赫的一個軍事單位，由多達三千名大多數效忠於阿巴斯總統的士兵組成，曾接受駐埃及和約旦美軍顧問的訓練（華府當局為維護這支部隊撥款近六千萬美元）。這起事件是由於以色列拒絕讓哈瑪斯總理哈尼耶（Ismail Haniyeh）進入加薩走廊而觸發——他當時攜帶著阿拉伯世界捐贈的現金款項，據報導多達數千萬美元。哈瑪斯軍隊隨後便突襲了總統親衛隊管轄的邊境管制站，雙方戰鬥一觸即發。[12]

在此之後，情勢急劇惡化。哈尼耶的座車在進入加薩走廊時遭到攻擊。哈瑪斯將襲擊歸咎於法塔赫。加薩走廊和約旦河西岸地區都爆發了數場衝突。同月，巴勒斯坦自治政府決定罷免哈瑪斯領導的政府，並以緊急內閣團取而代之。此一決定讓雙方之間爆發了最嚴重的衝突，一直持續到二〇〇七年五月底，造成百餘人死亡和多人受傷（根據估計，有一百二十人死亡）。這場衝突只有在巴勒斯坦的政府組織一分為二之後才總算結束：一個政府在拉姆拉，另一個則在加薩。[13]

雖然雙方都對這場浴血大戰負有責任，但（正如我們從在二〇〇七年被洩露給半島電視台的巴勒斯坦文件中得知的）還有一個外部因素導致法塔赫和哈瑪斯的對立競爭。早在二〇〇四年，英國情報機構軍情六處就建議法特赫在以色列撤出加薩走廊後搶占哈瑪斯的陣地，而軍情六處也制定了一項安防計畫，旨在「鼓勵並使巴勒斯坦自治政府能夠充分履行安防義務……透過降低拒絕承認以色列的政權的軍力（在同份文件的下文中顯示為哈瑪斯）來達成」。[14]時任英國首相的布萊爾（Tony Blair）對巴勒斯坦問題特別感興趣，也希望能造成某種影響力以洗白或赦免他在伊拉克造成災難的冒險行為。《衛報》將他的涉入總結為「鼓勵法塔赫打擊哈瑪斯」。[15]以色列和美國也向法塔赫提出類似的建議，以阻止哈瑪斯接管加薩走廊。然而，情勢變得混亂不堪，而這項先發制人的計畫在許多層面上反而適得其反。

在某種程度上，這算是兩派政治人物之間的鬥爭，其中一派是由民主方式選出的，而另一派則還難以接受大眾的選擇。但這遠遠算不上是故事的全貌。在加薩開展的這些事件，其實是美國和以色列在巴勒斯坦的代理人（主要是法塔赫和巴勒斯坦政府成員，大多數人是在無意間成為代理人，但還是隨以色列起舞）和其反對者之間的戰爭。哈瑪斯處處針對其他派系的作風而後也得到報應，也就是巴勒斯坦政府在約旦河西岸對它的罷免。對於雙方的行動，人們大都是難以容忍或為之稱道的。儘管如此，人們還是完全能瞭解為何世俗派的巴勒斯坦人會反對一個神權政體的創造，而且就如同中東的許多其他地區一般，對於宗教和傳統在社會中角色的論戰在巴勒斯坦也會持續下去。然而，就目前來說，哈瑪斯因為它向以色列抗爭的氣魄而享有許多世俗派巴勒斯坦人的支持，而且在許多方面上，甚至可說是仰慕。確實，它的抗爭才是問題真正所在。根據以色列官方敘事，哈瑪斯是一個參與各種殘暴犯行的恐怖組織，對抗著早已撤出加薩走廊的和平以色列國。但以色列是為了和平才撤出的嗎？這個問題的答案是一聲鏗鏘有力的「不」。

為了更透徹地瞭解這個議題，我們必須回到二〇〇四年四月十八日，也就是哈瑪斯領導人蘭提西（Abdul Aziz al-Rantissi）遭到暗殺的隔天。以色列國會外交國防委員會主席、納坦雅胡親信史泰尼斯（Yuval Steinitz）當天接受以色列廣播電台的採訪。在從政前，他曾在海法大學（University of Haifa）教授西方哲學；史泰尼斯宣稱他的世界觀是由笛卡兒（Descartes）哲學形塑，但他身為政治人物，似乎更受到戈比諾（Gobineau）和費希特（Fichte）等浪漫派民族主義學者的影響，這些學者都強調種族的純潔是國家榮光的先決條件。[16]當採訪者問起史泰尼斯，以色列政府對現存的巴勒斯坦領導人有何計畫時，這些來自歐洲而被轉譯進入以色列脈絡的種族優越概念便變得顯而易見。採訪人和受訪者一致同意以色列應該制定政策，暗殺或驅逐當時現存的巴勒斯坦領導階層（也就是巴勒斯坦自治政府的全體成員，約四萬人左右），話說到這裡，他們都咯咯地笑了起來。「我很開心，」史泰尼斯說道，「美國人終於清醒過來，開始全力支持我們的政策了。」[17]同日，任教於本—古里安大學的莫里斯也重申他支持對巴勒斯坦人進行種族清洗，並宣稱這才是解決衝突的最佳方式。[18]

那些過去講好聽點是邊緣意見，講難聽點是瘋言瘋語的觀點，如今都成為以色列猶太人的共識核心，由權威學者在黃金時段的電視節目裡播送著，好似那就是獨一真理。二〇〇四年的以色列是一個偏執猜忌的社會，決心以武力和毀滅性手段結束衝突，根本不論這加諸以色列社會或其手段潛在受害者的代價會是什麼。這些菁英人物常常只受到美國政府和西方政治菁英的支持，而世界其餘諸國更有良心的旁觀者也只能無助而困惑地看著。以色列就像是一架處於自動駕駛模式的飛機；航路早已預先計畫，而航速也早已決定。這趟航班的目的地是一個「大以色列」的創造，包括約旦河西岸半數土地和加薩走廊的一小部分（也就是歷史上所稱巴勒斯坦的幾乎九成土地）。在這個沒有巴勒斯坦人存在的大以色列，聳立的高牆隔開了當地原居人口，而他們將被塞進加薩和殘餘的西岸地區這兩個巨大的監獄營地中。在這樣的願景裡，以色列的巴勒斯坦人要不就加入數百萬遭受苦難煎熬的難民行列，要不就得屈服於充斥歧視與暴虐的種族隔離制度。

同年，美國監督著它所謂的和平「路線圖」（Road Map）。這是小布希總統最初在二〇〇二年夏提出的一個荒唐計畫，甚至比《奧斯陸協議》還要牽強。這個主意是提供巴勒斯坦人一份經濟復甦計畫，並減少以色列派駐在占領區的軍隊，為時大約三年。在那之後會召開另一次峰會，以某種方式一勞永逸地結束衝突。

西方世界許多國家的媒體都將「路線圖」計畫和以色列願景中的「大以色列」（包括自治的巴勒斯坦飛地）等同視之——它們都將兩者報導為通往和平與區域穩定的唯一安全路線。讓此一願景成真的任務，被託付給「中東四方」（Quartet，又稱中東問題有關四方〔Middle East Quartet〕，有時也稱馬德里四方〔Madrid

Quartet」）；中東四方機制設立於二〇〇二年，旨在讓聯合國、美國、俄羅斯和歐盟合作促成以色列和巴勒斯坦之間的和平。中東四方本質上是一個協調機構，由四個成員的外交首長組成，而在布萊爾於二〇〇七年被該機構任命為中東特使後，中東四方的活動也更加活躍。布萊爾租下了耶路撒冷傳奇的美僑酒店（American Colony）新落成的一側建築作為其總部。就像布萊爾本人的薪餉一樣，這些舉動所費不貲卻一無所成。

在中東四方發言人的和平論述中，提及了以色列應當全面撤軍、結束猶太定居計畫，並遵行兩國方案。這在一些仍然相信這個路線言之有物的觀察員間激起了希望。然而，實際上來說，路線圖計畫和《奧斯陸協議》一樣允許以色列繼續執行其創造大以色列的單邊計畫。不同的是，這次提案的「設計師」是夏隆，比起拉賓、裴瑞斯或納坦雅胡，夏隆的注意力更集中，意志也更堅決。他下了一步令人震驚也幾乎無人預見的險棋，也就是提議撤離加薩走廊的以色列定居區。夏隆在二〇〇三年公開發表這份提案，而後對其同僚施壓、使他們採納提案，最後在一年半內就做到了。二〇〇五年，以色列派遣軍隊強制驅離不願意撤出的定居者。這個決定的背後原因又是什麼？

對於約旦河西岸的未來應當如何，以色列歷任政府一直都非常清楚，但對於要怎麼處理加薩走廊，則一直沒有定見。[19] 以色列的策略，是確保西岸地區一直都在其直接或間接的管轄之下。一九六七年後，包括夏隆政府的幾任政府都希望這項規章能被納入「和平進程」的一部分。在這個願景中，約旦河西岸可以成為一個國家——只要它一直是個班圖斯坦。這其實是老調重彈，承襲自亞隆和達揚在一九六七年提出的想法：巴勒斯坦人口稠密地區應該從外管理。但談到加薩走廊，情況就不太一樣了。夏隆同意前幾任政府（大部分是工黨政府）原先把定居者送往加薩走廊核心地區的決定，也支持在西奈半島建造定居區（這些定居區最後在以色列和埃及簽訂的雙邊和平協議下被撤除了）。但到了二十一世紀，夏隆則開始接受聯合黨和工黨主要成員的務實派想法，思索棄加薩以保西岸的可能性。[20]

在奧斯陸進程之前，加薩走廊的猶太定居者並沒有讓事情複雜化，然而，一旦成立巴勒斯坦自治政府的新點子浮上檯面，對以色列而言，定居者的存在就變得弊大於利。因此，許多以色列決策者（即便是並未馬上接受撤除定居區此一想法的人）都在想方設法將加薩走廊排除於考量之外。在《奧斯陸協議》簽訂之後，這一切就變得清晰可見：走廊地區被帶刺鐵網圍牆包圍，而加薩工人前往以色列和西岸地區的活動也被嚴格限制。戰略上來說，在這種新的安排裡，從外部控制加薩要簡單的多，但只要定居者社群還留在加薩內部，這就無法完全做到。

一種解方是將加薩走廊分成兩個區域：一個能夠直接通往以色列的猶太區，和一個巴勒斯坦區。在第二次巴勒斯坦大起義爆發前，這種方式一直都運作得很好。然而，大起義時，連結定居點（名為古什蓋提夫〔Gush Qatif〕）的道路成為攻擊目標。定居者的弱點於是顯露無遺。以色列軍隊在這場衝突中的戰術，包括大規模轟炸以及摧毀巴勒斯坦叛軍的窩藏地，這也在二〇〇二年四月導致傑寧（Jenin）難民營的無辜巴勒斯坦人民遭到屠殺。但由於當地猶太定居者的存在，要在人口稠密的加薩走廊施行這些戰術並不容易。因此，夏隆為了使報復政策的施行更加方便，在對約旦河西岸發動最殘酷的軍事襲擊（「防禦盾牌行動」）一年後考慮移除加薩地區的定居者，也就不讓人意外了。然而，在二〇〇四年，夏隆因無法成功將其政治野望強加於加薩走廊地區，轉而呼籲對哈瑪斯領導人發起一系列的暗殺行動。夏隆希望藉由暗殺哈瑪斯兩位主要領導人蘭提西和雅辛長老（後者在二〇〇四年三月十七日身亡），可以影響未來走向。即便是如《國土報》般理智清醒的資料來源都如此假設：在這些暗殺行動實行後，哈瑪斯會失去它在加薩走廊的勢力基礎，並縮編且轉駐大馬士革（若是有必要，以色列也會加以襲擊），於是變得無足輕重。美國對暗殺計畫的支持也使《國土報》印象深刻（雖然而後這份報刊和美國當局對該政策的支持度都會大幅下降）。[21]

這些殺戮事件都發生在哈瑪斯贏得二〇〇六年大選並接管加薩走廊之前。換言之，以色列這波政策並未打擊到哈瑪斯，其聲望和權勢不降反升。夏隆要求巴勒斯坦自治政府控制加薩，並將其與約旦河西岸A區同等視之；但這個結果並未實現。因此，夏隆必須從兩種方法擇一來處理加薩：要不就是將定居者清出加薩，讓他能夠在不傷害以色列公民的前提下報復哈瑪斯；要不就是乾脆撤出加薩地區，集中精力併吞約旦河西岸或其部分地區。夏隆為了保證國際社會都能理解第二種選擇的含意，他搬演了一場大戲，讓所有人都為之傾心。當他開始放話要驅逐加薩走廊的定居者時，忠信社群將這個行動與納粹大屠殺相比，還安排了一場電視實境秀，記錄他們從住家被驅離的實際過程。在以色列境內，支持定居者的陣營和左翼陣營（包括夏隆過去的宿敵，如今卻轉而支持他的和平提案）似乎打起了一場內戰。[22]

在以色列內部，此舉削弱、甚至在某些情況下完全清除反對的聲浪。夏隆提出，在以色列撤出加薩而哈瑪斯上台之後，推動諸如《奧斯陸協議》之類的遠大理想就沒什麼意義了。夏隆建議暫時維持現況，而他在二〇〇七年身患絕症後的繼任者歐默特（Ehud Olmert）也同意了。在加薩遏阻哈瑪斯確實有其必要，但他們並不急著為西岸地區找出解方。歐默特將這項原則稱為單邊主義（unilateralism）：既然他們和巴勒斯坦人之間近期不會有什麼重要的談判發生，以色列就應該單方面地決定他們要併吞西岸的哪些地區，而又有哪些地區是可以讓巴勒斯坦政府自治管轄運行的。以色列的決策者之間心照不宣：只要不開誠布公，至少在實地現況方面，這種行動路線是可以被中東四方和巴勒斯坦政府接受的。時至今日，這個策略似乎還是奏效。

由於沒有強烈的國際壓力，比鄰的巴勒斯坦政府又懦弱無能，大多數的以色列人對西岸地區的政策並不感興趣。二〇〇五年以降的競選活動也證明，猶太社群更傾向於討論社會經濟議題、宗教在社會中的角色，以及以色列與哈瑪斯和真主黨之間的戰爭。工黨是主要反對黨，但它的立場多少和聯合政府的願景相符，因而自二〇〇五年以來，工黨有時參與、有時脫離以色列的政府組成。只要談到的是約旦河西岸，或是巴勒斯坦問題的解方，以色列的猶太社群似乎已經達成了共識。由於決定將定居者撤出加薩的，是夏隆所代表的右翼政府，這使得這種共識感更加鞏固。

對於認為自己站在聯合黨偏左立場的人來說，夏隆的動作是種和平的表態，勇敢地對抗了定居者。夏隆就像是為了和平而將殖民者二代（pied noir）[23]撤出阿爾及利亞的戴高樂（De Gaulle）一樣，成為左派的英雄，對中間派和溫和右派份子而言亦是如此。在這之後，加薩走廊巴勒斯坦方的反應，以及巴勒斯坦政府對以色列政策的批評，都被視為一種證據，證明了以色列在和平的路上並沒有任何健全或可靠的巴勒斯坦夥伴。

除了《國土報》幾位勇敢的記者如李維（Gideon Levy）和哈斯（Amira Hass），以及左派錫安主義小黨梅雷茨黨（Meretz）的幾位成員和一些反錫安主義團體以外，以色列的猶太社群變得十分沉默，讓政府從二〇〇五年以來，能全權施行任何它認為合適的巴勒斯坦政策。這也就是為何二〇一一年的抗議運動能激起五十萬以色列人（當時總人口數為七百萬）對抗政府的政策、占領行為以及其計畫中從未提及的恐怖行為。由於沒有任何公共論述或批評，夏隆得以在他任期末年（二〇〇五年）授權殺害更多手無寸鐵的巴勒斯坦人民，並透過宵禁和長期封城等手段讓被占領的巴勒斯坦社會集體挨餓。並且，在占領區內的巴勒斯坦人偶爾反抗之時，政府也獲得了免死金牌，能以更強大的軍武、更果斷的決心加以回應。

先前幾屆美國政府都支持以色列的政策，不管這些政策會如何影響巴勒斯坦人，也不管巴勒斯坦人的看法為何。然而，這種支持曾是需要經過談判和遷就才能得來的。即便二〇〇〇年十月第二次巴勒斯坦大起義爆發之後，華府當局部分人士都還試著讓美國與以色列對起義的回應保持距離。曾有一段時間，對於每天都有幾個巴勒斯坦人被殺害且有大量受害者是兒童的事實，美國人似乎感到不太自在。對於以色列採取集體懲罰、強拆房舍與未審先逮的行為，也有些人感到不太舒服。但他們最終也都習慣了這一切：當以色列猶太人的共識默許二〇〇二年四月約旦河西岸襲擊事件（這是以色列占領的歹毒歷史上毫無前例的一樁殘酷事件）的發生，美國政府也只質疑了以色列單方面的併吞行為與定居行動，因為這兩者被歐美聯合支持的路線圖明文禁止。

二〇〇四年，夏隆以撤出加薩走廊作為交換條件，請求美國和英國支持以色列在約旦河西岸的殖民計畫，並成功得到了支持。他這項在以色列以「合意和平提案」為名通過的計畫，最初曾遭到美方的拒絕，理由是其成效不彰（世界其餘諸國則以更強烈的言詞譴責該計畫）。然而，以色列方則希望，英美兩國在伊拉克的行為和以色列的巴勒斯坦政策兩者之間的相似性，能夠讓美國改變立場。以色列賭對了。值得注意的是，直到最後一刻，華府當局對於要放行讓夏隆撤出加薩都十分猶豫。二〇〇四年四月十三日，一幕古怪的場景在本—古里安機場的停機坪上演。總理專機在其預定起飛時間後幾個小時竟一動也不動。夏隆在專機裡表示，在他所謂的撤軍計畫得到美國的准許之前，他拒絕起飛前往華府。小布希總統對撤軍行動本身是支持的。他的顧問覺得難以應付的，是作為美國正式支持的一部分，夏隆要求小布希簽署的一封信。信中提及美方必須承諾未來不為了和平進程的進度而對以色列施壓，並將難民回歸權排除在未來任何談判的議程之外。夏隆表示，若是沒有美國的支持，他根本無法團結以色列大眾支持他的撤軍計畫，而這說服了小布希的副手。[24]

在過去，要讓美國官員聽從以色列政客的需求並達成共識，通常都需要一段時間。這次卻只花了三小時。如今我們得知夏隆之所以如此急切，還有另一個原因：他知道自己因嚴重的貪污指控而正在受到警方的調查，由於官司即將到來，他需要說服並獲得以色列大眾的信任。以色列左派國會議員塞里德（Yossi Sarid）用「被調查得越徹底，撤軍也會越徹底」的說法，來影射夏隆官司纏身和其撤軍承諾之間的連結。[25]美國當局決策的時間，通常會比當時所花的時間要長上許多。在本質上，當時夏隆的作法，等於是要求小布希總統放棄過去美國對巴勒斯坦許下的所有承諾。以色列提出撤軍加薩與關閉少數加薩和西岸定居點的計畫，交換條件是讓以色列併吞約旦河西岸大多數的定居點。對於要怎麼把另一片關鍵的部分放進這幅拼圖，美方也全然心知肚明。對夏隆而言，只有完成以色列從二〇〇三年便開始建造的隔離牆計畫，從而將巴勒斯坦方持有的約旦河西岸土地一分為二，他心心念念的西岸併吞計畫才得以執行。他並未預期到國際會出現反彈聲浪——隔離牆成為以色列占領計畫最具代表性的象徵，使得國際法庭都對其做出裁決，指其構成對人權的侵害。至於這是不是個有意義的里程碑，也只能讓時間證明了。[26]

當夏隆在他的專機上等待之時，華府當局決定支持一項方案，讓約旦河西岸多數土地留在以色列手中，而所有難民都將被流放——美方也默許隔離牆的建造。夏隆選擇了一位理想的美國總統，作為施行一系列新計畫的潛在盟友。小布希總統深受基督教錫安主義者的影響，甚至還可能會同意他們的觀點：聖地再次出現猶太人，即是世界末日場景條件完備的一部分，可能會使得耶穌復臨。而小布希的顧問群則比較傾向世俗派的新保守主義，以色列打擊哈瑪斯的戰爭，原本就讓他們印象深刻，撤離定居者與和平的承諾更是錦上添花。身為代理人，以色列看似成功的行動（大部分是二〇〇四年的針對性暗殺行動）證明了美國自己的「反恐戰爭」必將大獲全勝。事實上，以色列的「成功」是一種對當地實況自欺欺人的扭曲。巴勒斯坦方的游擊戰和恐怖行動之所以相對減少，靠的是宵禁、封城，以及長時間將超過兩百萬人關在家中，讓他們無法工作也沒有食物。即便是新保守主義者也應該能夠理解到，這並不能為占領勢力（無論是在伊拉克或巴勒斯坦）所激起的敵意和暴力行動提供什麼長遠的解方。

夏隆的計畫是由小布希的政治公關批准，他們能將其妝點為邁向和平的另一步，也能以此讓人們不去注意伊拉克事態的每況愈下。由於太渴望看到事態有所進展，對於立場較公正的顧問而言，這個計畫或許也算可以接受，只好說服自己它提供了一個得以實現美好未來及和平的機會。這些人老早就忘了要如何區辨什麼是巧言令色的能耐，什麼又是被巧言令色掩蓋的現實。只要這份計畫裡提到「撤出」這個魔術般的語詞，即便是美國頭腦最清楚的記者、以色列工黨的領導人（他們為了崇高共識之名而一心想加入夏隆政府）以及以色列左派梅雷茨黨最新選出的主席貝林，都會認為這份計畫立意良善。[27]

到了二〇〇四年底，夏隆知道他已經沒有理由再懼怕外在的壓力。歐洲諸國和美國政府都不願或無法阻止以色列占領，並避免對巴勒斯坦人民造成進一步的傷害。在新的社會共識面前，曾經願意參與反占領運動的以色列人數量劇減，士氣也已大傷。不出人意表地，歐美的公民社會大約在同時覺醒並意識到它們可能可以在以巴衝突中發揮巨大的作用，也受到 BDS 運動思想的激勵。不少組織、工會和個人都致力於開創新一波的公眾運動，誓言要盡其所能地讓以色列人明白，像夏隆政府提出的那種政策是要付出代價的。

此後，從學術界的抵制到經濟制裁，西方各國嘗試了各種可能的手段。它們對內傳播的訊息也很明確：對於巴勒斯坦人民過去、現在和未來所遭受的災難，它們自己的政府要付的責任並不比以色列少。BDS 運動要求採取新的政策以制衡夏隆的單邊策略，並不只是為了道德或歷史原因，更是為了西方世界的安全、甚至生存。二〇〇一年九一一事件後所發生的暴力行動令人痛心地顯示，巴勒斯坦的衝突將美國和穆斯林世界推得離彼此越來越遠，兩者之間的關係也成為一場惡夢，這進而摧毀了西方社會的多元文化結構。為了全球的和平、區域的穩定和巴勒斯坦衝突的調停，對以色列施壓似乎是個值得付出的小小代價。

因此，以色列從加薩撤出並不是和平計畫的一部分。根據官方說法，撤退行動是一個和平的表態，而不知感恩的巴勒斯坦人恩將仇報，首先選出了哈瑪斯，而後還對以色列發射導彈。因此，進一步從任何被占領的巴勒斯坦地區撤出都沒什麼意義，只是個不智之舉。以色列所能做的，也就只剩下自我防衛了。此外，那「幾乎導致內戰」的國家「創傷」，則旨在說服以色列社會勿再重蹈覆徹。

加薩戰爭是自衛性的戰爭？

雖然我和杭士基共筆了一本題為《加薩戰爭》（*The War on Gaza*）的書，描述在以色列自二〇〇六年開始對加薩走廊的多次襲擊中發生了什麼事，我還是不確定使用「戰爭」一詞到底是否正確。事實上，在二〇〇九年「鑄鉛行動」（Cast Lead）開始之後，我便選擇將以色列的政策稱為漸進式種族滅絕（incremental genocide）。在使用這個十分激烈的詞語之前，我猶豫了，卻找不到另一個詞語來精準描述過去所發生的事件。我收到了一些回應，指出如此使用這個語詞確實有些不妥，回應者包括一些重要的人權運動人士；在那之後的一段時間裡，我傾向重新考慮用詞，但最近又開始使用它，信念也更加堅決：要描述以色列軍隊從二〇〇六年開始在加薩走廊地區都做了什麼，這是唯一恰當的用法。

二〇〇六年十二月二十八日，以色列人權組織卜采萊姆針對占領區內發生的殘暴行為發表了一篇年度報告。當年，以色列軍隊殺死了六百六十名公民，而前一年則有約兩百名巴勒斯坦人遭到殺害，相比之下高達三倍多。根據卜采萊姆指出，二〇〇六年的死者中有一百四十一名兒童。大多數的死傷發生在加薩走廊，以色列軍隊在當地搗毀了約三百處房舍，並將裡頭的家庭一律殘殺。這表示自二〇〇〇年以來，有將近四千名巴勒斯坦人被以色列軍隊殺害，死者當中有半數是兒童；同時亦有超過兩萬名人員受傷。[28]

卜采萊姆是個保守的組織，因此死傷人數可能還更高。然而，問題不僅在於不斷升級的蓄意殺戮行動，更在於這類行動背後的策略。在過去十年中，以色列政策制定者所面對的，是約旦河西岸和加薩走廊地區兩種截然不同的現實狀況。在西岸地區，以色列東部邊界建置的完成之日已前所未有地近了。內部意識形態的論戰已然結束，而併吞西岸地區半數土地的總體計畫的腳步也正在加速。併吞計畫的末期之所以有所延宕，是因為以色列過去迫於路線圖計畫而承諾不再興建新的定居點，但是決策者很快就找到兩種方式來規避這種有名無實的禁令。首先，他們重新將約旦河西岸的三分之一定義為大耶路撒冷的一部分，這讓他們能夠在這塊新併吞的地區裡興建城鎮和社區中心。再者，他們也將舊有的定居點擴大到不需要再興建新定居點的程度。

大致上來說，這些定居點、軍事基地、道路和隔離牆，都使以色列得以在它認為有必要之時，正式併吞西岸幾乎半壁江山。在這些領土上還住著相當數量的巴勒斯坦人，而以色列當局則持續對他們實施從容而緩慢的轉移政策。對西方媒體來說，這個話題實在太無聊，根本不值一哂，而對人權組織來說，這些行動也太難以捉摸，無法對其提出概觀式的論點。以色列並不急於求成——它早就占了上風：軍隊和官僚體制雙管齊下施行的日常暴虐和非人行為，在驅逐巴勒斯坦人的過程中已如往常一般成效斐然。

夏隆的戰略思想受到他上一任政府成員的一致認同，其繼任者歐默特亦復如此。夏隆甚至離開聯合黨，創辦了一個中間派政黨（前進黨），這反映出政治人物對占領區政策具有共識。[29]另一方面，對於加薩走廊，夏隆及其任何追隨者都未能提出一套清楚的官方策略。在以色列人的眼中，加薩走廊是一個和約旦河西岸大相徑庭的地理政治實體。哈瑪斯一手掌握著加薩走廊，而巴勒斯坦自治政府則似乎只是在以色列和美國的庇護下，才得以管理支離破碎的約旦河西岸。加薩走廊既沒有以色列覬覦的大片土地，也沒有如約旦一般的偏僻地區能讓它把巴勒斯坦人放逐過去。在這裡，要以種族清洗的手段作為解方，誠然成效不彰。

最初在加薩地區採取的策略，是對巴勒斯坦人實施隔離居住制度，但這並未奏效。被圍城的社區向以色列發射土製導彈，以此表達他們的生存意志。此後，對這個社區的攻擊往往更加可怕而野蠻。二〇〇五年九月十二日，以色列軍隊撤離加薩走廊。與此同時，以色列軍隊入侵小鎮土克林（Tul-Karim），進行了大規模的逮捕行動（特別是針對哈瑪斯盟友組織巴勒斯坦伊斯蘭聖戰運動的成員），並殺害了一些被捕的人士。伊斯蘭聖戰運動發射了九枚導彈，但無人傷亡。以色列則以「初雨行動」（First Rain）作為回應。[30]該場行動的性質值得我們稍微推敲。啟發該行動的，是過去政權（首先是殖民政權、而後是獨裁政府）對發起反抗的被監禁或放逐社群所採取的懲罰性手段。「初雨行動」首先讓超音速戰機飛越加薩上空，藉以引起當地居民的恐慌。其後則是從陸海空三方對各個區域進行廣泛的密集轟炸。如以色列軍隊發言人的解釋，此次行動背後的邏輯是要對當地社群施加壓力，藉以削弱他們對火箭炮發射者的支持。[31]正如（尤其是以色列人民）預期中的，該次行動讓當地人民對反抗鬥士的支持不降反升，還為他們下一次的嘗試提供了更多的助力。該次行動的真正目的其實是實驗性的。以色列將官想知道，在國內、該區域內，和更廣一點來說的世界輿論，會怎麼評論這樣的行動。事實證明，國際社會的譴責非常有限而短暫，這樣的成果讓他們非常滿意。

「初雨行動」之後的所有後續行動都遵循類似的模式。不同行動之間的相異之處只在於規模的升級：火力更強、傷亡人數更多、傷害更大，以及可預期地，巴勒斯坦方射回的卡桑導彈（Qassam）[32]數量也更多。二〇〇六年後，以色列採用了更卑劣的杯葛和封鎖手段，對加薩地區的人民採取緊密的圍城攻勢，讓行動的內容又多了一項。二〇〇六年六月，以色列國防軍士兵沙利特（Gilad Shalit）遭到俘虜，但這並未改變哈瑪斯和以色列之間的權力平衡，不過，這無論如何都提供了以色列一個機會，讓它得以進一步升級戰術和所謂的報復任務。畢竟，除了讓各種懲罰行動的循環永無止盡地繼續下去之外，以色列行動的背後並沒有什麼明確的戰略方針。

以色列也持續為行動取上荒謬（事實上是很惡劣）的代號。接續「初雨行動」的是「夏雨行動」（Summer Rains），而這是二〇〇六年六月開始一連串懲罰行動的命名。隨「夏雨行動」而來的是一種新的行動項目：從陸上入侵加薩走廊部分區域。這讓軍隊能夠更有效率地殘殺巴勒斯坦族群公民，並將其呈現為一種在人口稠密區域進行激烈戰鬥的後果；也就是說，這是由於環境因素造成的不可避免結果，而不是以色列政策的罪過。夏日結束時，「秋雲行動」（Autumn Clouds）便粉墨登場，這場行動甚至還能更有效率：二〇〇六年十一月一號，在四十八小時內便有七十名平民被殺害。到了十一月底已有近兩百人死亡，其中半數是婦孺。這波行動有一部分是和以色列襲擊黎巴嫩同時發生，這使得這些行動更容易達成，因為外部輿論對其都已不太關注，更別說是加以批評了。

從「初雨」到「秋雲」，我們能看到的是，這些行動在每個地區都逐漸白熱化。首先，「平民」和「非平民」襲擊目標之間的區分已經消失：以色列殺紅了眼，廣大的平民都成了行動的主要標的。再者，以色列軍隊擁有的致命性武器幾乎統統派上了用場。第三，傷亡人數明顯上升。最後也最重要的是，這些行動逐漸形成一種具體戰略，為以色列解決加薩走廊問題的方式指出一條明路：某種經過算計的種族滅絕政策。然而，加薩走廊的人民持續反抗著。這又導致以色列發動進一步的種族滅絕行動，但它時至今日仍未能重新占領加薩走廊。

在二〇〇八年，承襲「夏雨」和「秋雲」兩波行動的是「暖冬行動」（Hot

Winter）。不出所料，新一輪的襲擊造成更多平民死亡，加薩走廊再次遭到陸海空三方轟炸和武力進犯，共有超過一百人身亡。但至少有那麼一瞬間，國際社會似乎開始關注這波行動。歐盟和聯合國都譴責以色列「不符比例原則地使用武力」，並指控該國違反國際法；美方則是「持平」評論。然而這也足以讓雙方在多次交戰中停火一陣子了，但以色列偶爾還是會違反停火協議而發動攻擊。[33]哈瑪斯願意延長停火期，而且是在宗教信條之下獲得批准，他們稱為 tahadiah ——阿拉伯語意為「平息」，而在宗教意識形態上則代表「長時的和平」。這也成功說服了哈瑪斯大多數派系停止向以色列發射火箭炮。以色列政府發言人雷戈夫（Mark Regev）本人也承認了這一點。[34]

如果以色列能真心放緩它的圍城戰術，停火協議也許真的能成功。在實質意義上，這代表的是要允許更多的貨品進入加薩走廊，並且要方便當地人民進出。然而，在這方面，以色列並沒有信守承諾。以色列官員非常坦率地告訴美國官員，他們的計畫是讓加薩的經濟「處於崩潰邊緣」。[35]如附圖，卡特和平中心（Carter Peace Center）繪製的圖表清楚說明了，圍城戰的強度和對以色列發射的火箭炮數量呈現正相關。

輸入加薩的貨品和加薩發射的火箭炮與迫擊炮數量比較圖

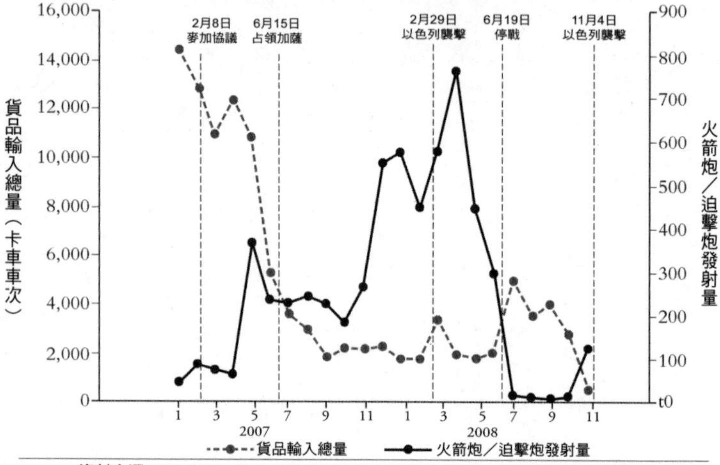

資料來源：The Carter Center, "Gaza Timeline Analysis: Movement and Fatalities", 2009

以色列於二〇〇八年十一月四日打破了停火協議，其藉口是它發現了一條哈瑪斯挖掘的隧道——它聲稱，這條隧道計畫要用於另一次的綁架行動。一直以來，哈瑪斯都在從加薩貧民區向外修築隧道以帶進食物並運出人民，而這也的確是它抵抗戰略的一部分。以色列以一條隧道作為違反停戰協議的藉口，這就有如哈瑪斯可能只因以色列在邊境附近設有軍事基地便決定違反協議一般。哈瑪斯官員聲稱，那條飽受質疑的隧道是出於防禦原因而修建的。在其他情況下，哈瑪斯總會吹噓其建設具有其他不同的功能，因此這次它說的有可能是實話。

愛爾蘭的巴勒斯坦團結陣線組織沙達卡（Sadaka）發表了一份鉅細靡遺的報告，在收集各種證據後顯示，以色列官員其實早就知道這條隧道根本沒有什麼危險。為了再次嘗試摧毀哈瑪斯，以色列政府只是需要一個理由罷了。[36]

哈瑪斯發射了一連串的導彈作為對以色列這次襲擊的回應，但根本無人傷亡。以色列停火了一小段時間，並要求哈瑪斯在以色列方提出的條件下同意停火。哈瑪斯拒絕了，而這也讓惡名昭彰的「鑄鉛行動」在二〇〇八年底上演（到了這時，行動代號甚至變得更不祥）。這次行動的首波轟炸便已稱得上是史無前例——不禁讓人想起二〇〇三年出現在伊拉克的地毯式轟炸行動。鑄鉛行動的主要標的物是民用基礎建設；醫院、學校、清真寺無一倖免——砲彈百發百中，標的物一律被毀。哈瑪斯的回應，則是向先前未曾成為攻擊目標的以色列城鎮發射導彈，例如貝爾謝巴和阿什杜德（Ashdod）。雖有幾名平民傷亡，但死亡的以色列人（共十三人）中大多數是被己方火力所殺的士兵。與此產生鮮明對比的是，有一千五百名巴勒斯坦人在這場行動中喪生。[37]

如今，以色列的行動又多了一個使人憤世嫉俗的新面向：國際社會和阿拉伯世界的捐款人承諾提供數十億美元的援助，但這些金額所能重建的一切，也只是讓以色列在未來能再次摧毀罷了。即便是最嚴重的災難，也是有利可圖的。

二〇一二年，下一輪的兩波行動來臨：相較於過去幾次襲擊行動規模較小的「回音行動」（Returning Echo），以及二〇一二年七月更為重要的「雲柱行動」（Pillar of Defense），後者結束了當年夏季一場可能使以色列政府因其經濟和社會政策失能而垮台的社運抗爭。沒有什麼比一場國境之南的戰爭，更能說服以色列年輕人停止抗議並轉而挺身保護家園。這個策略在過去曾經管用，這次也照樣奏效。

二〇一二年，哈瑪斯首次進犯特拉維夫——它發射的導彈造成的破壞微乎其微，而且無人傷亡。與此同時，兩百名巴勒斯坦人被殺，包括數十名兒童，但這樣的對照，我們已不陌生了。對以色列來說，二〇一二年並不是個糟糕的一年。歐美諸國政府早已乏力，根本不曾譴責二〇一二年的襲擊事件；事實上，它們還反覆強調「以色列有權自衛」。也難怪以色列在兩年後瞭解到自己還能更得寸進尺。二〇一四年夏的「保護邊陲行動」（Protective Edge）在當時早已籌畫了兩年之久；約旦河西岸三名被撕票的定居者讓以色列有藉口發動行動，而這波行動中有兩千兩百名巴勒斯坦人被殺害。當時，哈瑪斯的火箭炮甚至射到了本—古里安機場，讓以色列本身也一度陷入癱瘓。

有史以來第一次，以色列軍隊在加薩走廊與巴勒斯坦游擊軍正面交鋒，在戰火中損失了六十六名士兵。在這場戰役中，占上風的是怒火在漫長而殘暴的圍城戰中悶燒的絕望巴勒斯坦人。當時的狀況就像是一批警力進入了他們主要從外部控制的最高安全戒備監獄，面對著一群系統性地被餓死和扼死的囚犯，而後者絕望而堅強。以色列在與這群勇敢的哈瑪斯戰士交鋒後會怎麼為這波行動下結論，光用想的就使人戰慄。

敘利亞戰爭和隨之引起的難民危機，並未為加薩走廊留下太多讓國際社會採取行動或關注的空間。然而，下一輪對加薩走廊人民的攻擊似乎已是萬事俱備。聯合國預測，加薩走廊將會變得完全不適人居。這不僅會透過武力手段實現，也會透過聯合國所稱的「反發展」（de-development）手段成真，而反發展是一種逆轉發展的過程：

> 以色列過去六年的三項軍事行動，再加上八年的經濟封鎖，已經徹底蹂躪了加薩已然脆弱的基礎建設，也破壞了其生產力基礎，以致加薩根本沒有時間能進行有意義的重建工作，或是復甦經濟，這也讓當地的巴勒斯坦人口陷入貧窮，

使他們的經濟狀況比二十年前的水準還更差。[38]

在埃及的軍事政變後，以色列判給加薩的死刑之期又更近了些。埃及的新政權已經關閉了加薩在以色列國境之外的唯一出口。自二〇一〇年起，為了表示與加薩人民站在同一陣線，並且要打破以色列的圍城，社會民間組織持續派出小型船隊。其中一艘船遭到以色列突擊隊的惡意襲擊，殺死了藍色馬爾馬拉號（Mavi Marmara）上的九人，並逮捕了其餘乘客。其他船隊的遭遇則相對好一點。然而，聯合國的預言仍存，若要說服以色列消停並阻止這種凌遲式的死刑，加薩人民需要的似乎不只是幾艘和平的小船而已。

第三部　展望未來

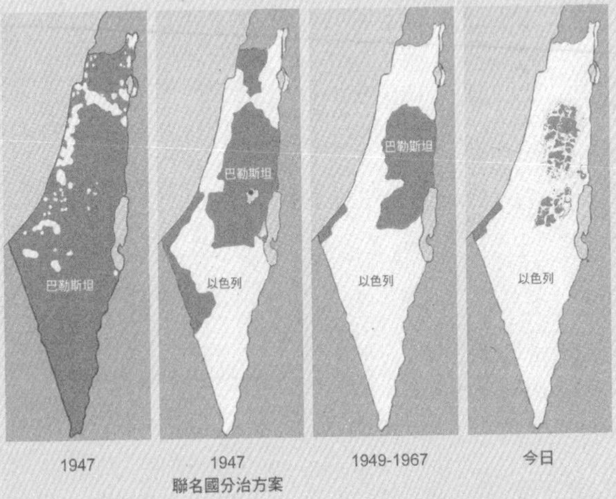

第十章 兩國方案是未來的唯一解方

這則耳熟能詳的神話通常是由一股堅定的聲音唸誦，宣稱以色列和巴勒斯坦的衝突是有解方的，而解方就在不遠處等著我們。然而，當今以色列對約旦河西岸廣大地區的殖民現實，使任何立基於兩國方案的解方都成為黃粱一夢。人們頂多只能指望一個屬於巴勒斯坦人的班圖斯坦。但這樣的政治安排所創建的國家，不會擁有真正的主權，而且會被畫分成數個行政區，在自我防護和存續上也無法獨立於以色列。如果以色列方能奇蹟似地改變主意，使得一個更獨立的政治實體得以建立的話，那麼，兩國解方就不該當成雙方衝突的最後一幕。一場已經歷經一百五十多年的民族解放運動，竟會以一個條件性的自治政權作結，且只能統治百分之二十的國土，這實在是讓人難以想像。此外，還沒有任何的外交協定或文件，能夠去定義誰該納入協議，而誰又不該納入。舉例而言，只納入約旦河西岸的巴勒斯坦人、而不納入加薩走廊是不可能的。但這將成為現狀，因為加薩走廊和耶路撒冷的許多部分似乎都被排除在談判之外，也並未被納入那想像中的國家。

如前文所述，兩國方案是由以色列所發明，注定有如要化圓成方而根本無法實現。兩國方案恰恰回應了這個問題：要如何在不納入當地居民的前提下，將約旦河西岸保持在以色列的掌控之中。因此有人建議讓西岸地區的巴勒斯坦部分，成為一個自治的準國家。而作為建國的回報，巴勒斯坦人必須放棄以下的所有希望：回歸故土、讓以色列的巴勒斯坦人享有平等的權利、決定耶路撒冷的命運，以及在自己的國土過著人類的正常生活。

對這則神話的任何批判，往往會被貼上反猶太的標籤。然而，在許多方面上，這恰恰相反：新派的反猶太主義和這項神話本身有關。兩國方案的基礎想法如下：猶太國家是猶太問題的最佳解方；也就是說，猶太人應該生活在巴勒斯坦，而非任何其他地方。這個概念和反猶太主義者的想法十分接近。兩國方案的基礎（應該說是間接地）建立在「以色列和猶太教是同一件事」的假設上。因此，以色列堅持它的所作所為都是基於猶太教的名義，而當它的行為被世界各地的人民唾棄時，這樣的批評也就不僅只是針對以色列，也是針對猶太教。若我記得沒錯，英國工黨領袖傑柯賓（Jeremy Corbyn）曾解釋道，因納坦雅胡的政策而怪罪猶太教便有如因伊斯蘭國的行為而怪罪伊斯蘭，這招致了不少批評；然而，即便觸怒了某些人的敏感神經，這種類比還是成立的。[1]

兩國方案就像是一具屍體，時不時地被抬回停屍間裡仔細妝點一番後又被當作活人示眾。當它再次被證明只是有體無魂時，便又會被送回停屍間。唯一可能在未來改變現狀的，只有讓聯合國承認巴勒斯坦為正式會員國。同時，我們可能也會看到以色列對C區的完全接管（超過約旦河西岸的半數土地）。對國際社會來說，聯合國安理會敷衍行事和巴勒斯坦當地實況之間的落差，可能難以忍受。可設想的最好情況或許是如今的情勢會迫使大家回到繪圖桌前，從最初的原則開始重新思考衝突的解方。

這場鬧劇很快就會結束，但無論是透過和平手段還是暴力，都將只會是慘痛收場。現在似乎沒有什麼能夠阻止以色列完成對約旦河西岸的殖民，以及它持續對加薩的圍城。若有國際社會的庇佑，這或許就能達成，但以色列也有夠多的政治人物似乎願意在沒有庇佑的情況下繼續前進。無論在哪種情況下，以色列都會需要動用殘暴的武力來實現其願景中的「解方」：併吞西岸地區一半的土地、使另一半成為和加薩走廊一般的隔離區，並對其巴勒斯坦族群公民實施某種種族隔離制度。這般的情景會讓任何針對兩國方案的討論變得無關緊要且過時。

在遠古時代，死者會和他們珍愛的文物和財物一起下葬。這場時日不遠的葬禮可能也會遵照類似的儀式。深埋土底的最重要陪葬品，會是一本寫滿假象和欺瞞的辭典，著名的詞條包括「和平進程」、「中東唯一的民主政權」、「愛好和平之國」、「平等互惠」以及「難民問題的人道解方」。將要取而代之的那本辭典已經編纂多年，它會列出新的定義：錫安主義就是殖民主義；以色列就是種族隔離國家；巴勒斯坦大浩劫就是種族清洗。一旦宣告兩國方案的死亡，要讓這本新辭典廣為流通便會簡單得多。[2]

這項已死解方的地圖將會與那死屍相伴。將巴勒斯坦縮小至其歷史疆域十分之一、還將其展示為和平地圖的繪製手法，也有望與世長訣。無須準備另一張地圖作為替代。從一九六七年開始，即便在自由派錫安主義政客、記者和學者的口中不斷轉換，衝突之中的地貌在現實裡從未變改。巴勒斯坦從來就是河海之間的那片土地。它也仍然是那片土地。它流轉的命運，是由其上的人口所形塑，而不是地理特徵。十九世紀末期抵達當地的定居者如今占了總人口半數，且正在透過種族歧視意識形態和種族隔離政策交織出的系統控制著另外一半的人口。和平不是人口流變或地圖重繪就能解決的問題，它的關鍵在於消除這些意識形態和政策。誰知道呢，或許比起過去，現在才是這麼做的大好時機。

這場葬禮將會揭露二〇一一年以色列大型抗議中的謬誤，但也會凸顯其正面潛能。那年夏天，大量中產階級以色列猶太人挺身抗議他們政府的社會和經濟政策，長達七個星期。為了確保這場抗議的規模達到最大，其領導人和協調者不敢提及占領、殖民或種族隔離這些字眼。他們宣稱一切罪惡的根源，都來自政府殘酷的資本主義政策。在一定程度上，他們說得有道理。這些政策確實讓以色列國的主宰民族無法充分且平等地享受蹂躪和剝奪巴勒斯坦而得來的果實。然而，把贓物平等均分，並無法保證猶太人或巴勒斯坦人能正常地生活，只有結束打劫和擄掠行為方能做到。然而，對於媒體和政客口中所說的社會經濟現實，示威者也表達了懷疑和不信任；這可能會為他們鋪出一條路，讓他們能更清楚地瞭解那些自己多年來被灌輸的關於「衝突」和「國家安全」的謊言。

這場葬禮應該激勵我們繼續遵循過去的分工原則一起努力。一如以往，巴勒斯坦人迫切需要解決媒體形象的問題。BDS 和巴勒斯坦團結陣線運動，需要更積極地招募世界各地進步派的猶太勢力。在巴勒斯坦本土，將一國解方的論述化為政治行動的時刻已然來臨，或許也能開始採取新的辭典。由於剝奪無所不在，反剝奪與和解的行動就必須遍地開花。若要在公正和民主的基礎上，重新建構猶太人和巴勒斯坦人之間的關係，我們便不能接受舊有的、已被深埋土底的兩國方案地圖，也不能接受其中的分治邏輯。這也意味著，以色列的猶太定居點（建於一九六七年前）和約旦河西岸定居點（建於一九六七年後）之間不可撼動的區別，也該被送進墳墓。真正的區別，是要分出願意討論關係重構、政權改變與平等地位的猶太人，以及不願意談論這些議題的猶太人，不論他們現在居住在哪。

如果研究當代以色列和巴勒斯坦的人文和政治結構，便會發現一些令人驚訝的現象：站在敵我分界線之外的人，有時會比站在線內的人更願意參與對話。關於政權改變、媒體形象問題和 BDS 運動的內部對話，都是為巴勒斯坦帶來正義與和平的同一份心力的一部分。一旦兩國方案入土，以色列和巴勒斯坦達成公正和平的一個主要障礙就會被移除。

結語
以色列：二十一世紀的定居殖民主義國家

在二〇一七年，以色列對約旦河西岸和加薩走廊的占領達到半世紀之久。在這麼長一段時間之後，「占領」一詞已然變得有些冗贅而無足輕重。已經有兩代巴勒斯坦人生活在這個政權之下了。雖然他們自己仍會將其稱為占領，但他們生活中所經歷的一切，卻是根植在某種更難擊敗或改變的體制裡——殖民主義。誠如我在頭幾章中提到的，要將「殖民」一詞使用在當代並不容易——因為它往往被視為只與過去的事件有關。這也就是為什麼在近年使人振奮的研究的幫助下，當學者在撰寫以色列相關研究時，會更常使用另一個名詞：定居殖民主義。

殖民主義可以被描述為歐洲人向世界的不同地區移動，在原居民曾有著自己王國的土地上創立新的「白人」國家。而這些國家只有在定居者採用兩種邏輯時才得以建立：汰滅邏輯——盡其所能地驅逐原居住民，包含種族屠殺；以及去人性邏輯——將非歐洲人以外的民族一概視為次等人類，因而不該享有和定居者同等的權利。在南非，這套雙生的邏輯導致種族隔離制度於一九四八年正式建立，而在同年，錫安主義運動將同一套邏輯轉化為巴勒斯坦的民族清洗行動。

如同本書所試圖呈現般，從定居殖民主義的角度看來，諸如占領約旦河西岸和加薩走廊、《奧斯陸協議》和平進程，以及二〇〇五年從加薩撤軍等事件，都是以色列同一套策略的一部分，其目的都是為了盡可能拿下最多巴勒斯坦的土地，並留下最少的巴勒斯坦人。隨著時間推移，為了實現這個目標而採取的手段有所變化，但目標尚未完成。然而，這便是衝突之火主要的燃料。

在這種方式下，歐洲定居殖民主義在世界各地傳播，使得去人性和汰滅這兩種邏輯的恐怖交織變得隨處可見。它首先進入中東的威權主義國家，如諸多其他事例一般，海珊（Saddam Hussein）對庫德人的滅絕，以及敘利亞阿塞德（Assad）政權在二〇一二年採取的一連串懲罰性行動，都無情地體現了這一點。許多反對其政權的團體也都曾採用這種策略，最糟糕的事例便是伊斯蘭國的種族滅絕政策。

中東這種人類關係的野蠻化，只能由當地人民自己阻止。然而，他們也理當得到外界的協助。在同心協力下，這個地區便應能回到不太遙遠的過去榮光，能回到最高指導原則還是「自己活，也讓他人活」的時候。任何關於終止中東人權侵害議題的嚴肅討論，都一定要正視巴勒斯坦人權近百年來受到的侵害。這兩者的關係十分密切。以色列及其先前錫安主義運動所享有的例外論（exceptionalism），[1]都像是在嘲笑著西方世界任何對阿拉伯世界人權侵害議題的批判。任何關於巴勒斯坦人權侵害的討論，都需要包含對如錫安主義的定居殖民主義計畫所造成的不可避免後果的理解。猶太定居者如今已是這片土地有機組成必不可少的一部分了。他們並不能也不會被趕走。他們也應當是巴勒斯坦未來的一部分，但這不能是基於對巴勒斯坦本地人持續不斷的壓迫和剝削。

我們浪費了那麼多年討論兩國方案，好似這和前述的議題有關一般。但我們確實需要這段時間來說服以色列的猶太人和全世界：當你建立了一個國家——即便它人文薈萃，有著成功的高科技產業和強大的軍隊——只要這個國家的基礎是建立在對另一群人的剝奪之上，你在道德上的正當性便會永遠受到質疑。只把正當性的問題限制在以色列一九六七年所占領的領土上，永遠無法從核心解決問題。當然，以色列從約旦河西岸撤出，會帶來某些助益，但這也可能會讓以色列以自二〇〇六年來管控加薩走廊的方法來監管西岸地區。這不會讓衝突的結束提前來臨，只會將現況轉變為另一種衝突。

若要下定決心真誠一試，便需要去提及深層的歷史問題。在第二次世界大戰之後，殖民主義雖被文明世界唾棄，錫安主義卻被允許成為一個殖民計畫，因為猶太國家的創建提供了歐洲（特別是西德）一條捷徑，去處理史上最嚴重的反猶太行動。以色列是第一個宣布承認「新德國」的國家——作為回報，它獲得了大量金援，但遠遠更重要的是，它還獲得了授權，能夠恣意將巴勒斯坦全境變成以色列國。錫安主義把自身當作反猶太主義的解方，卻也成為反猶太主義得以存續的主因。這項「交易」也未能根治仍深植於歐洲內心的種族歧視和排外心理，它在歐陸培養出納粹主義，在歐陸之外則生產出一個殘暴的殖民政權。如今，這種種族歧視和排外心理轉而針對穆斯林和伊斯蘭信仰；由於這和以巴問題緊密連結，一旦這個問題找到真正的答案，就能隨之削弱種族歧視和排外情緒。

對於納粹大屠殺的故事，我們都值得一個更好的結局。這可能會需要由一個強大而文化多元的德國向歐洲其餘諸國指出一條明路；需要一個能勇敢處理至今仍然迴盪的過去種族歧視罪行的美國社會；一個能消滅其殘暴和不人道行為的阿拉伯世界……

如果我們持續落入陷阱，將這些神話和迷思視為真理，這一切便不可能發生。巴勒斯坦並非杳無人跡，猶太人也曾有家園住所；巴勒斯坦是被殖民，不是被「贖回」的；一九四八年，巴勒斯坦的人民是被驅離，而不是自願出走。就連《聯合國憲章》也規定，被殖民的人民有權為解放自身而奮鬥，即便是以軍力為之，而只有建立一個包納所有居民的民主國家，才得以讓這場鬥爭完美落幕。從關於以色列的這十項迷思和神話解放出來後，但願我們對未來的討論不只能幫助以色列和巴勒斯坦帶來和平，也能幫助歐洲完善地結束第二次世界大戰留下的恐懼，以及殖民主義的黑暗時代。

大事記

一八八一　俄羅斯數波種族迫害浪潮開展，延續至一八八四年。錫安主義運動首見於歐洲。

一八八二　第一代阿利亞（錫安主義移民潮，持續至一九〇四年）。里雄萊錫安、吉赫隆雅阿各夫（Zichron Yaacov）與羅什皮納（Rosh Pina）三個殖民區在巴勒斯坦建立。

一八九七　第一次錫安主義大會在瑞士巴塞爾召開。世界錫安主義議會（World Zionist Congress）成立。

一八九八　第二次錫安主義大會。

一八九九　第三次錫安主義大會。

一九〇一　猶太國家基金成立。

一九〇四　第二代阿利亞（持續至一九一四年）。

一九〇八　巴勒斯坦辦事處（The Palestine Office）成立（一九二九年，此機構轉型為猶太事務局〔The Jewish Agency〕）。

一九〇九　第一個猶太屯墾區德加尼亞（Degania，希伯來語稱 Kvutzat Degania，譯注：相較其他稱做 kibbutz 的屯墾區，稱做 kvutzat 的屯墾區規模較小，並仍以農業為主要產業）成立。特拉維夫建城。青年衛士團（Hashomer，譯注：錫安主義的童軍單位）成立。

一九一五—一九一六　胡賽因—麥克馬洪通信（Hussein-McMahon Correspondence，譯注：第一次世界大戰期間英國駐埃及高級專員麥克馬洪與漢志〔Hijaz〕國王胡賽因．本—阿里（Hussein Bin Ali）之間的十封信件往來；英國承諾，若胡賽因對鄂圖曼帝國發動起義，阿拉伯可在戰後獨立）。

一九一六　《賽克斯—皮科協定》。

一九一七　《貝爾福宣言》。英軍政權占領並統治巴勒斯坦（直至一九二〇年）。

一九二〇　哈加納成立。以色列總工會（Histadrut）成立。聖雷莫會議（San Remo Conference）准許英國託管巴勒斯坦。

一九二三　英國承認外約旦為獨立的政治實體，並承認阿卜杜拉王子（Amir

Abdullah）為其統治者。美國國會背書支持《貝爾福宣言》。

一九二三　國際聯盟首先正式授權英國託管巴勒斯坦和外約旦，隨後記載於《洛桑條約》。

一九三一　伊爾貢（Irgun，譯注：錫安主義祕密軍事組織，亦被視為早期錫安主義恐怖組織，而後改組為以色列右派政黨）自哈加納脫離。

一九三六　阿拉伯大起義爆發，持續至一九三九年。

一九三七　皇家皮爾委員會組成。

一九四〇　「萊希組織」（Lehi，亦稱斯特恩幫派〔Stern Gang〕，譯注：錫安主義軍事組織，於以色列建國後解散，其主要目標為終結英國託管政權，以武力成立猶太國家）自伊爾貢脫離。村里檔案計畫（The Village Files Project，譯注：哈加納主導的情報計畫，為因應作戰需要，其文件詳細記載了巴勒斯坦英國託管地的所有阿拉伯村莊資訊）開始實施。

一九四六　英美調查團（Anglo-American Commission of Inquiry）成立。

一九四七　英國宣布結束託管政權，並將巴勒斯坦問題轉交聯合國處理。聯合國因此成立特殊委員會（聯合國巴勒斯坦問題特別調查委員會）並建議分治方案。以上決議在聯合國大會中通過（一八一號決議案）。

一九四八　巴勒斯坦的種族清洗開始：英國託管結束後，以色列宣布建國並受到聯合國和蘇聯承認。以色列在巴勒斯坦與鄰近阿拉伯國家派出的部隊交戰，並成功驅逐巴勒斯坦當時半數的人口，摧毀大半巴勒斯坦村莊，也清零並摧毀十一個巴勒斯坦城鎮（共十二個）。

一九四九　聯合國大會一九四號決議案（呼籲讓巴勒斯坦難民回歸）。以色列和埃及、約旦及黎巴嫩簽訂休戰協議。至一九六六年止，留存以色列境內的巴勒斯坦人民受到軍法管理。

一九五〇　阿拉伯國家的猶太人開始移民。

一九五六　以色列加入英法針對埃及納瑟總統發動的戰爭，並占領西奈半島和加薩走廊。加西姆村屠殺事件發生。

一九五九　十字谷（Wadi Salib）暴動事件（海法的米茲拉西猶太人〔Mizrahi〕發起的反歧視抗爭，譯注：米茲拉西猶太人為古典時代便已居住在東方地區的猶太人，包括今日中東、北非、中亞及高加索地區）。

一九六三　本－古里安政權結束。

一九六七　六日戰爭：以色列占領西奈與加薩走廊、戈蘭高地、東耶路撒冷及約旦河西岸地區。聯合國安理會二四二號決議案要求以色列自所有占領區撤離。以色列開始在西岸和加薩的定居計畫。

一九七三　十月戰爭（October War）：以色列真正占領部分埃及本土地區，並在一場出其不意的血腥衝突後保留對戈蘭高地的控制權。

一九七四　聯合國安全理事會三三八號決議案重申巴勒斯坦人民有自決並獨立建國的權利。

一九七六　以色列的巴勒斯坦人針對加利利的猶太化政策發起土地日抗議事件（Land Day Protests）。

一九七七　在工黨治國三十年後，聯合黨在比金的帶領下贏得全國大選。埃及總統沙達特拜訪耶路撒冷，開始與以色列進行雙邊對談。

一九七八　以色列和埃及簽訂和平條約。巴解組織攻擊特拉維夫；作為回擊，以色列發動「利塔尼」行動，占領黎巴嫩南部部分地區。

一九八一　以色列併吞戈蘭高地。

一九八二　西奈歸還埃及。以色列在「加利利和平行動」（Peace for the Galilee）中試圖摧毀巴解組織而進犯黎巴嫩。

一九八七　第一次巴勒斯坦大起義。

一九八九　蘇聯解體，其東方集團中的猶太人與非猶太人大量移民至以色列。
一九九一　第一次波斯灣戰爭。美國針對巴勒斯坦問題在馬德里召開國際會議。
一九九二　工黨重掌大權，拉賓二次成為以色列總理。
一九九三　巴解組織和以色列在白宮簽訂《奧斯陸協議》。
一九九四　巴勒斯坦自治政府成立，巴解組織主席阿拉法特抵達以色列占領區，上任成為巴勒斯坦政府總統。以色列和約旦簽訂和平條約。
一九九五　《奧斯陸二號協議》簽訂（係針對巴勒斯坦控制約旦河西岸和加薩走廊部分地區相關事項的暫時協議）。拉賓遭暗殺身亡。
一九九六　聯合黨重掌大權，納坦雅胡組成其第一屆政府。
一九九九　工黨的巴拉克獲選成為總理。
二〇〇〇　以色列自黎巴嫩南部撤離。第二次巴勒斯坦大起義爆發。
二〇〇一　聯合黨主席夏隆獲選成為總理。他而後籌組自己的政黨（前進黨），並贏得二〇〇五年大選。
二〇〇二　約旦河西岸的隔離牆計畫被批准，並在二〇〇三年開始執行。
二〇〇五　夏隆二度獲選。BDS 運動展開。以色列從加薩定居點和軍事基地撤出。

二〇〇六　哈瑪斯在第二屆巴勒斯坦政府立法議會（國會）選舉中獲勝。以色列、中東四方（美國、俄羅斯、聯合國和歐盟）、數個西方國家和阿拉伯國家對巴勒斯坦政府進行制裁，暫停所有海外金援。加薩圍城戰開始。第二次黎巴嫩戰爭開始。以色列侵犯加薩走廊。

二〇〇八　加薩戰爭（「鑄鉛行動」）開始。據聯合國和諸人權組織統計，超過一千四百名巴勒斯坦人身亡，其中有九百二十六名死者為手無寸鐵的平民。以色列三名平民和六名士兵遭到殺害。

二〇〇九－二〇一三　第二屆納坦雅胡政府上任。

二〇一一　以色列全國上下爆發社會運動抗爭（篷帳運動〔Tent Movement〕）。

二〇一二　「雲柱行動」。四名以色列平民和兩名士兵在巴勒斯坦火箭炮襲擊中遭到殺害。據聯合國統計，共有一百七十四名巴勒斯坦人身亡，其中一百零七人是平民。

二〇一三－二〇一五　第三屆納坦雅胡政府上任。

二〇一四　「保護邊陲行動」。根據主要資料估計，兩千一百二十五至兩千三百一十名加薩人民遭到殺害（其中有一千四百九十二名平民，包括五百五十一名兒童和兩百九十九位婦女），亦有一萬零六百二十六至一萬零八百九十五人負傷（包括三千三百七十四名兒童，其中超過一千人因此永久殘障）。六十六名以色列士兵、五名以色列平民（包括一名兒童）以及一位泰國籍平民遭殺害，亦有四百六十九名以色列國防軍士兵和兩百六十一位以色列平民負傷。以色列大約摧毀了一萬七千棟家舍，並有三萬棟房舍遭到部分毀傷。

二〇一五　第四屆納坦雅胡政府上任。

在此感謝吾友斯維爾斯基（Marcelo Svirsky）編撰年表。

注釋

前言

1 譯注：錫安主義亦稱猶太復國主義。錫安山代表耶路撒冷與以色列地，而《聖經》中亦常以錫安兒女指稱猶太人，當代遷徙至巴勒斯坦的猶太人亦以錫安山作為宗教與心靈的指標與寄託，其民族政治運動便得名於此。

2 譯注：巴勒斯坦解放組織創立於一九六四年，以解放巴勒斯坦人民並建立巴勒斯坦國為主要目標。該組織由八個不同流派的游擊隊與聯盟組成，政治路線並不單一。一九六七年，巴解組織在阿拉伯聯盟（League of Arab States）的支持下舉行了第一次國民大會，並被承認為巴勒斯坦人民的代表。巴解組織於一九九三年《奧斯陸協議》（Oslo Accord）簽訂後承認以色列主權，相對巴勒斯坦的其他政治組織，它當時以非暴力路線為取向，以談判為主要策略。

3 譯注：《奧斯陸協議》為俗稱，正式全稱為《臨時自治政府安排原則宣言》（Declaration of Principles on Interim Self-Government Arrangements），簡稱《原則宣言》（Declaration of Principles）。

第一章　巴勒斯坦為無人之地

1 Jonathan Mendel, *The Creation of Israeli Arabic: Political and Security Considerations in the Making of Arabic*

Language Studies in Israel, London: Palgrave Macmillan, 2014, p. 188.

2 取自以色列外交部官方網站（mfa.gov.il）。

3 現今以色列高級中學關於耶路撒冷鄂圖曼時期歷史的課綱，便是一個很好的例子，可見於 cms.education.gov.il。

4 關於此種貿易連結，更詳盡的研究可參見 Beshara Doumani, *Rediscovering Palestine: Merchants and Peasants in Jabal Nablus, 1700-1900*, Berkeley: University of California Press, 1995。

5 Rashid Khalidi, *Palestinian Identity: The Construction of Modern National Consciousness*, New York: Columbia University Press, 2010 與 Muhammad Muslih, *The Origins of Palestinian Nationalism*, Institute for Palestine Studies, 1989。

6 譯注：菲拉斯汀為巴勒斯坦的阿拉伯語發音。

7 關於該報刊及其在民族運動中的角色，更詳盡的資訊可參見 Khalidi, *Palestinian Identity*。

8 巴勒斯坦原本可能發生的另一種現代化進程，在以下文集中有精闢的討論：Salim Tamari, *The Mountain Against the Sea: Essays on Palestinian Society and Culture*, Berkeley: University of California Press, 2008。

9 參見 Butrus Abu-Manneh, "The Rise of the Sanjaq of Jerusalem in the Nineteenth Century," in Ilan Pappé (ed.), *The Israel/Palestine Question*, London and New York: Routledge, 2007, pp. 40-50。

10 更詳細的分析可參見 Ilan Pappé, *A History of Modern Palestine: One Land, Two Peoples*, Cambridge: Cambridge University Press, 2006, pp. 14-60。

第二章　猶太人為無土之族

1 Shlomo Sand, *The Invention of the Jewish People*, London and New York: Verso, 2010.

2 Thomas Brightman, *The Revelation of St. John Illustrated with an Analysis and Scholions [sic]*, 4th edn, London, 1644, p. 544.

3 摘自他在一六六五年十二月四日寫給史賓諾沙（Spinoza）的信件，引用自 Franz Kobler, *The Vision Was There: The History of the British Movement for the Restoration of the Jews to Palestine*, London: Birt Am Publications, 1956, pp. 25-6。

4 Hagai Baruch, *Le Sionisme Politique: Precurseurs et Militants: Le Prince De Linge*, Paris: Beresnik, 1920, p. 20.

5 Suja R. Sawafta, "Mapping the Middle East: From Bonaparte's Egypt to Chateaubriand's Palestine," PhD thesis submitted to the University of North Carolina at Chapel Hill, 2013.

6 A. W. C. Crawford, Lord Lindsay, *Letters on Egypt, Edom and the Holy Land*, Vol. 2, London, 1847, p. 71.

7 引自 Anthony Julius, *Trials of the Diaspora: A History of Anti-Semitism in England*, Oxford: Oxford University Press, 2010, p. 432。

8 "Jews in America: President John Adams Embraces a Jewish Homeland" (1819), at jewishvirtuallibrary.org.

9 Donald Lewis, *The Origins of Christian Zionism: Lord Shaftesbury and Evangelical Support for a Jewish Homeland*, Cambridge: Cambridge University Press, 2014, p. 380.

10 Edwin Hodder, *The Life and Work of the Seventh Earl of Shaftesbury*, London, 1886, Vol. 1, pp. 310-11 引用之日記篇章；亦可參見 Geoffrey B. A. M. Finlayson, *The Seventh Earl of Shaftesbury*, London: Eyre Methuen, 1981, p. 114 與 The National Register Archives, London, Shaftesbury (Broadlands) MSS, SHA/PD/2, August 1, 1840。

11 引自 Gertrude Himmelfarb, *The People of the Book: Philosemitism in England, From Cromwell to Churchill*, New York: Encounter Books, 2011, p. 119。

12 *The London Quarterly Review*, Vol. 64, pp. 104-5.

13 Ibid.

14 Ibid.

15 *The Times of London*, August 17, 1840.

16 引用於 Geoffrey Lewis, *Balfour and Weizmann: The Zionist, The Zealot and the Emergence of Israel*, London:

Continuum books, 2009, p. 19。

17 Deborah J. Schmidle, "Anthony Ashley-Cooper, Seventh Earl of Shaftsbury," in Hugh D. Hindman (ed.), *The World of Child Labour: An Historical and Regional Survey*, London and New York: M. E. Sharpe, 2009, p. 569.

18 我在此書進一步闡釋了這個觀點：Ilan Pappé, *The Rise and Fall of a Palestinian Dynasty: The Husaynis, 1700-1948*, London: Saqi Books, 2010, pp. 84, 117。

19 Helmut Glenk, *From Desert Sands to Golden Oranges: The History of the German Templers Settlement of Sarona in Palestine*, Toronto: Trafford, 2005 是少數英文資料之一。大部分討論聖殿者的作品都以德文或希伯來文寫就。

20 Alexander Scholch, *Palestine in Transformation, 1856-1882: Studies in Social, Economic, and Political Development*, Washington: Institute of Palestine Studies, 2006.

21 Pappé, *The Rise and Fall of a Palestinian Dynasty*, p. 115.

22 威爾特在一九七〇年的文章已重新發表為 "The Balfour Declaration and Its Makers" in N. Rose (ed.), *From Palmerston to Balfour: Collected Essays of Mayer Verte*, London: Frank Cass, 1992, pp. 1-38。

23 J. M. N Jeffries, *Palestine: The Reality*, Washington: Institute of Palestine Studies, 2013.

24 本書已再版為 Arthur Koestler, *The Khazar Empire and its Heritage*, New York: Random House, 1999。

25 Keith Whitelam, in *The Invention of Ancient Israel*, London and New York: Routledge, 1999 與 Thomas L. Thompson, in *The Mythical Past: Biblical Archaeology and the Myth of Israel*, London: Basic Books, 1999。以上著作奠定了哥本哈根聖經極小化學派（Copenhagen School of biblical minimalism）的基礎，並對此一議題做出主要的論述主張和相關研究。

26 Shlomo Sand, *The Invention of the Jewish People*, and *The Invention of the Land of Israel: From Holy Land to Homeland*, London and New York: Verso, 2014.

第三章　錫安主義即是猶太教義

1 譯注：猶太教神職人員領袖，也身兼經師身分。
2 譯注：現今匈牙利首都布達佩斯的一部分，位於多瑙河左岸。
3 Gershom Scholem, *From Berlin to Jerusalem: Youth Memoirs*, Jerusalem: Am Oved, 1982, p. 34 (Hebrew).
4 以下對改革運動者的引述，取自一份討論他們立場的研究，該文雖然批判改革運動並持親錫安主義的立場，但仍提供了有用的資訊，文中亦納入相關文件全文。可參見 Ami Isserof, "Opposition of Reform Judaism to Zionism: A History," August 12, 2005, at zionism-israel.com。
5 Walter Lacquer, *The History of Zionism*, New York: Tauris Park Paperback, 2003, pp. 338-98.
6 關於這波運動，最近期的著作是 Yoav Peled, *Class and Ethnicity in the Pale: The Political Economy of Jewish Workers' Nationalism in Late Imperial Russia*, London: St. Martin's Press, 1989。
7 M. W. Weisgal and J. Carmichael (eds.), *Chaim Weizmann: A Biography by Several Hands*, New York: Oxford University Press, 1963.
8 Elie Kedourie, *Nationalism*, Oxford: Blackwell, 1993, p. 70.
9 Shlomo Avineri, *The Making of Modern Zionism: Intellectual Origins of the Jewish State*, New York: Basic Books, 1981, pp. 187-209.
10 現在可以在 jewishvirtuallibrary.org 免費下載此書。
11 參見 Eliezer Shweid, *Homeland and the Promised Land*, Tel Aviv: Am Oved, 1979, p. 218 (Hebrew)。
12 Micha Yosef Berdichevsky, "On Both Sides," quoted in Asaf Sagiv, "The Fathers of Zionism and the Myth of the Birth of the Nation," *Techelt*, 5 (1998), p. 93 (Hebrew).
13 針對這些選項的詳盡討論可見於 Adam Rovner, *In the Shadow of Zion: Promised Lands Before Israel*, New York: NYU Press, 2014。
14 關於這個論點，以下文章做出了傑出的概述：Stephen Sizer, "The Road to Balfour: The History of

Christian Zionism," at balfourproject.org。

15 譯注：根據猶太教信仰與《聖經》記載，聖殿為教徒敬拜和進行祭典的核心場所。第一聖殿（又稱所羅門聖殿）由所羅門王修建，毀於新巴比倫王國，猶太人遂淪為巴比倫之囚。在波斯帝國釋放猶太人後，第二聖殿（又稱希律聖殿）的修建復而開始，後在西元七〇年毀於羅馬帝國手中。

16 Ingrid Hjelm and Thomas Thompson (eds.), *History, Archaeology and the Bible, Forty Years after "Historicity,"* London and New York: Routledge, 2016.

17 Ilan Pappé, "Shtetl Colonialism: First and Last Impressions of Indigeneity by Colonised Colonisers," *Settler Colonial Studies*, 2:1 (2012), pp. 39-58.

18 Moshe Bellinson, "Rebelling Against Reality," in *The Book of the Second Aliya*, Tel Aviv: Am Oved, 1947, p. 48 (Hebrew)。本書是部頭最大的第二代阿利亞日誌、信件和文章選集。

19 Yona Hurewitz, "From Kibush Ha-Avoda to Settlement," in *The Book of the Second Aliya*, p. 210.

20 譯注：工黨為以色列中間偏左翼政黨，承認巴勒斯坦為一政治實體。

21 譯注：聯合黨為以色列右翼政黨，亦常音譯為利庫德黨。其前身以色列右翼政黨聯盟成立於一九七三年，後於一九八八年改組為獨立政黨。

22 譯注：聖經主義泛指將《聖經》視為唯一事實根據與史實記載的思想體系。

23 譯注：猶太屯墾區亦音譯為奇布茲，是結合錫安主義和共產主義的純猶太社群，強調人人平等並共享勞動成果。其形式傳統上為類似於人民公社的集體農場，如今部分轉型發展為工業和科技產業。

24 譯注：定居點泛指巴勒斯坦地區的猶太社區，包括早期錫安主義移民在戰前建立的社區，亦包括以色列政府在戰後占領土地上建設的社區。

25 Ilan Pappé, "The Bible in the Service of Zionism," in Hjelmand Thompson, *History, Archaeology and the Bible*, pp. 205-18.

26 關於這些作品，以及早期將殖民主義研究典範引入錫安主義研究的討論，參見 Uri Ram, "The Colonisation Perspective in Israeli Sociology," in Ilan Pappé (ed.), *The Israel/Palestine Question*, London and

New York: Routledge, 1999, pp. 53-77。

27 Michael Prior, *The Bible and Colonialism: A Moral Critique*, London: Bloomsbury 1997.

28 譯注：在《聖經》中，亞瑪力人是一支遊牧民族，因時常侵擾以色列人而被視為仇敵。

29 這些主題在一本傑出的著作中有詳盡的討論，可惜僅有希伯來文版：Sefi Rachlevski, *The Messiah's Donkey*, Tel Aviv: Yeditot Achronot, 1998.

30 譯注：逾越節是猶太教傳統節日，為期一週，而逾越節晚宴是代表節日開始的儀式。親朋好友在晚宴上聚集，朗誦並討論哈加達（猶太教宗教文本）中的故事。

31 這段話可見於她的 Facebook 官方帳號二〇一四年七月一日的貼文，它也在以色列媒體中廣泛引用。

32 引自 Jonathan K. Crane, "Faltering Dialogue? Religious Rhetoric of Mohandas Ghandi and Martin Buber," *Anaskati Darshan*, 3:1 (2007), pp. 34-52。亦可參見 A. K. Ramakrishnan, "Mahatma Ghandi Rejected Zionism," *The Wisdom Fund*, August 15, 2001, at twf.org。

33 引自 Avner Falk, "Buber and Ghandi," *Ghandi Marg*, 7th year, October 1963, p. 2。數個網站也有完整對話紀錄，例如 Ghandi Archives。

34 狄納堡的《在自己土地的以色列人》（*The People of Israel in their Land: From the Beginning of Israel to the Babylonian Exile*）於一九三六年以希伯來文出版，而其續集《流放的以色列人》（*Israel in Exile*）則在一九四六年出版。

35 Martin Gilbert, *The Atlas of the Arab-Israeli Conflict*, Oxford: Oxford University Press, 1993.

36 這封公文在其官方網站上可見，日期為二〇一四年十一月二十九日。

37 Tom Segev, *One Palestine, Complete*, London: Abacus, 2001, p. 401.

第四章　錫安主義並非殖民主易

1 Benjamin Beit-Hallahmi, *Original Sins :Reflections on the History of Zionism and Israel*, London: Palgrave Macmillan, 1992, p. 74.

2 Patrick Wolfe, "Settler Colonialism and the Logic of Elimination of the Native," *Journal of Genocide Research*, 8:4 (2006), pp. 387-409.
3 Ibid.
4 參見 Pappé, "Shtetl Colonialism"。
5 關於這些作品以及早期將殖民主義研究典範引入錫安主義研究的討論，可參見 Ram, "The Colonisation Perspective in Israeli Sociology"。
6 Natan Hofshi, "A Pact with the Land," in *The Book of the Second Aliya*, p. 239.
7 我在另一本著作詳細探討了這種關係：*A History of Modern Palestine*, pp. 108-16。
8 Khalidi, *Palestinian Identity*, p. 239.
9 參見 Pappé, *A History of Modern Palestine*, pp. 109-16。
10 參見 Ilan Pappé, *The Ethnic Cleansing of Palestine*, Oxford: Oneworld, 2006, pp. 29-39。
11 參見 Pappé, *The Rise and Fall of a Palestinian Dynasty*, pp. 283-7。
12 對此的深入分析可參見 Ilan Pappé, *The Idea of Israel: A History of Power and Knowledge*, London and New York: Verso, 2010, pp. 153-78。

第五章　巴勒斯坦人在一九四八年自願出走

1 譯注：即第一次以阿戰爭，以色列方稱為「以色列獨立戰爭」，阿拉伯方則視為「大浩劫」的一部分，中譯採取作者較中性的稱呼，即「一九四八年戰爭」。
2 Nur Masalha, *Expulsion of the Palestinians: The Concept of "Transfer" in Zionist Political Thought, 1882-1948*, Washington: Institute for Palestine Studies, 1992.
3 參見 Anita Shapira, *Land and Power*, New York: Oxford University Press, 1992, pp. 285-6。
4 引自 David Ben-Gurion, *The Roads of Our State*, Am Oved: Tel Aviv, 1938, pp. 179-180（Hebrew）。
5 Ibid.

6 這封信的全文翻譯可參見 palestineremembered.com。
7 Yosef Gorny, *The Arab Question and the Jewish Problem*, Am Oved: Tel Aviv, 1985, p. 433 (Hebrew).
8 Benny Morris, *Righteous Victims: A History of the Zionist-Arab Conflict, 1881-1999*, New York: Random House, 2001, p. 142.
9 Masalha, *Expulsion of the Palestinians*, p. 117.
10 班德（Eric Bender）的這篇報導可參見 *Maariv*, March 31, 2008。
11 Berl Katznelson, *Writings*, Tel Aviv: Davar, 1947, Vol. 5, p. 112.
12 Central Zionist Archives, Minutes of the Jewish Agency Executive, May 7, 1944, pp. 17-19.
13 譯注：以色列建國後第二任總理。
14 譯注：錫安主義運動領導者之一。
15 Central Zionist Archives, Minutes of the Jewish Agency Executive, June 12, 1938, pp. 31-2.
16 Ibid.
17 Ibid.
18 Shay Hazkani, "Catastrophic Thinking: Did Ben-Gurion Try to Re-write History?," *Haaretz*, May 16, 2013.
19 Ibid.
20 Ibid.
21 愛爾蘭記者柴德辛（Erskine Childsin）是首位駁斥「阿拉伯世界領導層要求人民離開」的說法的人，見 *The Spectator*, May 12, 1961。
22 Ilan Pappé, "Why were they Expelled?: The History, Historiography and Relevance of the Refugee Problem," in Ghada Karmi and Eugene Cortan (eds.), *The Palestinian Exodus, 1948-1988*, London: Ithaca 1999, pp. 37-63.
23 譯注：《聖經》故事中，歌利亞為非利士巨人，當非利士人攻打以色列人時，年輕的大衛王僅以溪中的石子為武器便擊倒了巨人。

24 參見 Pappé, *The Ethnic Cleansing of Palestine*。

25 譯注：即在耶路撒冷建立國際政權，不屬於巴勒斯坦或以色列任一方，並由聯合國管理該地治安事宜。

26 Avi Shlaim, *The Iron Wall: Israel and the Arab World*, London: Penguin, 2014.

27 Ibid.

28 Avi Shlaim, *Collusion Across the Jordan: King Abdullah, the Zionist Movement and the Partition of Palestine*, New York: Columbia University Press, 1988.

29 以下著作對此提出有力的證明：Simha Flapan, *The Birth of Israel: Myths and Realities*, New York: Pantheon, 1988。

30 對於這一點，以下這本近期著作揭露了更新也更深入的資料：Irene Gendzier, *Dying to Forget: Oil, Power, Palestine, and the Foundations of US Policy in the Middle East*, New York: Columbia University Press, 2015。

31 Ahmad Sa'di, "The Incorporation of the Palestinian Minority by the Israeli State, 1948-1970: On the Nature, Transformation and Constraints of Collaboration," *Social Text*, 21:2 (2003), pp. 75-94.

32 Walid Khalidi, "Plan Dalet: Master Plan for the Conquest of Palestine," *Journal of Palestine Studies*, 18:1 (1988), pp. 4-33.

33 Benny Morris, *The Birth of the Palestinian Refugee Problem Revisited*, Cambridge: Cambridge University Press, 2004, p. 426.

34 US State Department, Special Report on Ethnic Cleansing, May 10, 1999.

35 我在此書曾詳加說明：Pappé, *The Ethnic Cleansing of Palestine*。

36 譯注：指巴勒斯坦人民組織性地對以色列政權發起的反抗行動，包括暴力與非暴力手段的抗爭。第一次巴勒斯坦大起義發生於一九八七年，結束於一九九三年《奧斯陸協議》簽訂後。第一次大起義也催生了哈馬斯組織的誕生。而第二次巴勒斯坦起義則發生在二〇〇〇年，一般認為持續了五年。

相較於第一次大起義，由哈馬斯領導的巴勒斯坦方在第二次大起義中動用槍械武器，而以色列則以空襲占領區加以反制，雙方死傷更為慘重。

第六章　六日戰爭之外「別無選擇」

1 譯注：本書所指的「一九六七年戰爭」或「一九六七年六月戰爭」，在史上通常稱為「六日戰爭」或「第三次中東（或以阿）戰爭」。除非原文意在特別點出時間點的重要性，下文中將使用「六日戰爭」稱呼。

2 並不是所有人都贊成這個說法。參見 Avi Shlaim, *Israel and Palestine: Reprisals, Revisions, Refutations*, New York and London: Verso, 2010。

3 Shlaim, *Collusion Across the Jordan.*

4 關於這種遊說及其成果的更多資訊，參見 Tom Segev, *1967: Israel and the War That Transformed the Middle East*, New York: Holt and Company, 2008 以及 Ilan Pappé, "The Junior Partner: Israel's Role in the 1958 Crisis," in Roger Louis and Roger Owen (eds.), *A Revolutionary Year: The Middle East in 1958*, London and New York: I. B. Tauris 2002, pp. 245-74。

5 Pappé, "The Junior Partner."

6 Ibid.

7 Ibid.

8 Ben-Gurion Archive, Ben-Gurion Dairy, August 19, 1958.

9 譯注：邊緣政策指冷戰期間的一種戰略技巧，透過將國與國的關係迫近到戰爭邊緣而使敵國屈服。

10 關於這些事件，最不加修飾的版本可參見 David Shaham, *Israel: The First Forty Years*, Tel Aviv: Am Oved 1991, pp. 239-47 (Hebrew)。

11 參見 Shalim, *The Iron Wall*, pp. 95-142。

12 Pappé, "The Junior Partner," pp. 251-2.

13 Ami Gluska, *The Israeli Military and the Origins of the 1967 War: Government, Armed Forces and Defence Policy, 1963-1967*, London and New York: Routledge 2007, pp. 121-2.

14 我在一篇文章中曾對此詳細討論：Ilan Pappé, "Revisiting 1967: The False Paradigm of Peace, Partition and Parity," *Settler Colonial Studies*, 3:3-4 (2013), pp. 341-51。

15 一如往常地，諾曼・芬克斯坦（Norman Finkelstein）引用以色列官方敘事最佳傳聲筒艾邦（Abba Eban）的說法，並加以駁斥。參見 Norman Finkelstein, *Image and Reality of the Israel-Palestine Conflict*, London and New York: Verso, 2003, pp. 135-45。

16 來自合眾國際社（UPI）於一九六七年五月十二日對拉賓的採訪，他更威脅要顛覆敘利亞政權。參見 Jeremy Bowen, *Six Days: How the 1967 War Shaped the Middle East*, London: Simon and Schuster UK, 2004, pp. 32-3。

17 Ibid.

18 參見 Avi Shlaim, "Walking the Tight Rope," in Avi Shlaim and Wm. Roger Louis (eds.), *The 1967 Arab-Israeli War: Origins and Consequences*, Cambridge: Cambridge University Press, 2012, p. 114。

19 Finkelstein, *Image and Reality*, pp. 125-35.

20 Moshe Shemesh, *Arab Politics, Palestinian Nationalism and the Six Day War*, Brighton: Sussex Academic Press, 2008, p. 117.

21 Israel State Archives, minutes of government meetings, June 11 and 18, 1967.

22 Valerie Zink, "A Quiet Transfer: The Judaization of Jerusalem," *Contemporary Arab Affairs*, 2:1 (2009), pp. 122-33.

23 Israel State Archives, minutes of government meeting, June 26, 1967.

24 *Haaretz*, June 23, 1967.

25 Dan Bavli, *Dreams and Missed Opportunities, 1967-1973*, Jerusalem: Carmel 2002 (Hebrew).

26 Ibid., p. 16.

27 Noam Chomsky "Chomsky: Why the Israel-Palestine 'Negotiation' are a Complete Farce," Alternet.org, September 2, 2013.

28 Idith Zertal and Akiva Eldar, *The Lords of the Land: The War Over Israel's Settlements in the Occupied Territories, 1967-2007*, New York: Nation Books, 2009.

29 Mazin Qumsiyeh, *Popular Resistance in Palestine: A History of Hope and Empowerment*, London: Pluto Press, 2011.

第七章　以色列是中東唯一的民主政權

1 對於這樣的生活遭遇，在此書可看到更詳細的敘述：Ilan Pappé, *The Forgotten Palestinians: A History of the Palestinians in Israel*, New Haven and London: Yale University Press, 2013, pp. 46-93。

2 Morris, *The Birth of the Palestinian Refugee Problem Revisited*, p. 471.

3 參見 Pappé, *The Ethnic Cleansing of Palestine*, pp. 181-7。

4 Shira Robinson, "Local Struggle, National Struggle: Palestinian Responses to the Kafr Qasim Massacre and its Aftermath, 1956-66," *International Journal of Middle East Studies*, 35 (2003), pp. 393-416.

5 Natan Alterman, "A Matter of No Importance," *Davar*, September 7, 1951.

6 Natan Alterman, "Two Security Measures," *The Seventh Column*, Vol. 1, p. 291 (Hebrew).

7 我在以下著作中曾加以表列：Pappé, *The Forgotten Palestinians*。

8 參見 Pappé, *The Forgotten Palestinians*, p. 65。

9 參見以下報告：Adalah, "An Anti-Human Rights Year for the Israeli Supreme Court," December 10, 2015, at adalah.org。

10 *The Jerusalem Post*, November 24, 2011.

11 參見 Ilan Pappé, "In Upper Nazareth: Judaisation," *London Review of Books*, September 10, 2009。

12 參見 Amnon Sella, "Custodians and Redeemers: Israel's Leaders' Perceptions of Peace, 1967-1979," *Middle*

East Studies, 22:2 (1986), pp. 236-51。

13 Motti Golani, *Palestine Between Politics and Terror, 1945-1947*, Brandeis: Brandeis University Press, 2013, p. 201.

14 以色列反迫拆委員會（Israeli Committee Against House Demolitions）的網站上能找到幾乎每一種拆屋手段的駭人詳述（ichad.org）。

15 參見以色列非政府組織的報告：Yesh Din, "Law Enforcement on Israeli Civilians in the West Bank," at yesh-din.org。

16 參見 "Israel and Occupied Palestinian Territories," at amnesty.org。

17 死傷人數統計在一九八七年後較為準確，但總體而言，這段時期仍有可靠的資料來源可供參考。可參見卜采萊姆（B'Tselem）的傷亡人數報告，亦可參見其網站 btselem.org 的統計頁面。相關其他資料也包括國際中東媒體中心（IMEMC）和聯合國人道事務協調廳的報告。

18 關於監禁人數，更透徹的報導可見於 Mohammad Ma'ri, "Israeli Forces Arrested 800,000 Palestinians since 1967," *The Saudi Gazette*, December 12, 2012。

19 參見館藏文件 "The War Relocation Authority and the Incarceration of the Japanese-Americans in the Second World War," at trumanlibrary.org。

20 參見 "Torture in Israeli Prisons," October 29, 2014 at middleeastmonitor.com。

21 Oren Yiftachel and As'ad Ghanem, "Towards a Theory of Ethnocratic Regimes: Learning from the Judaisation of Israel/Palestine," in E. Kaufman (ed.), *Rethinking Ethnicity, Majority Groups and Dominant Minorities*, London and New York: Routledge, 2004, pp. 179-97.

22 參見 Uri Davis, *Apartheid Israel: Possibilities for the Struggle from Within*, London: Zed Books, 2004。

第八章　奧斯陸神話

1 譯注：巴勒斯坦解放組織創立於一九六四年，以解放巴勒斯坦人民並建立巴勒斯坦國為其主要目標。該組織由八個不同流派的游擊隊與聯盟組成，政治路線並不單一。一九六七年，巴解組織在阿拉伯聯盟（League of Arab States）的支持下舉行了第一次國民大會，並被承認為巴勒斯坦人民的代表。而後，巴解組織於一九九三年《奧斯陸協議》簽訂後承認以色列主權；與巴勒斯坦的其他政治組織相比，它當時相對以非暴力路線為取向，以談判為主要策略，以色列當局也相對給予約旦河西岸與加薩走廊地區自治權作為交換。

2 Masalha, *Expulsion of the Palestinians*, p. 107.

3 Walid Khalidi, "Revisiting the UNGA Partition Resolution," *Journal of Palestine Studies*, 27:1 (1997), pp. 5-21.

4 對於導致《奧斯陸協議》的相關發展，最透徹的敘述為 Hilde Henriksen Waage, "Postscript to Oslo: The Mystery of Norway's Missing Files," Journal of Palestine Studies, 38:1 (2008), pp. 54-65。

5 參見 "1993 Oslo Interim Agreement" at israelipalestinian.procon.org。

6 譯注：班圖斯坦本稱南非和西南非地區在一九四〇年代後期開始設立的黑人地區，為當時種族隔離政策的一部分。現今此一名詞則被用於形容因國際畫地政策不公而造成的缺乏法理性的地區或飛地，且這些地區通常是以種族或民族為基礎而畫定。

7 參見 Ian Black, "How the Oslo Accord Robbed the Palestinians," *Guardian*, February 4, 2013。

8 參見 "Meeting Minutes: Taba Summit—Plenary Session," at thepalestinepapers.com。

9 Ilan Pappé, *The Making of the Arab-Israeli Conflict, 1948-1951*, London and New York: I.B. Tauris, 1992, pp. 203-43.

10 Robert Bowker, *Palestinian Refugees: Mythology, Identity and the Search for Peace*, Boulder: Lynne Rienner Publishers, 2003, p. 157.

11 Meron Benvenisti, *West Bank Data Project: A Survey of Israel's Politics*, Jerusalem: AEI Press, 1984.

12 Robert Malley and Hussein Agha, "Camp David: The Tragedy of Errors," *New York Review of Books*, August 9, 2001.

13 Daniel Dor, *The Suppression of Guilt: The Israeli Media and the Reoccupation of the West Bank*, London: Pluto

Press, 2005.

14 Raviv Drucker and Ofer Shelah, *Boomerang*, Jerusalem: Keter, 2005 (Hebrew).

15 全文請見 "Sharm El-Sheikh Fact-Finding Committee Report: 'Mitchell Report'," April 30, 2001 at eeas.europa.eu。

第九章　加薩神話

1 Ilan Pappé, "The Loner Desparado: Oppression, Nationalism and Islam in Occupied Palestine," in Marco Demchiles (ed.), *A Struggle to Define a Nation* (forthcoming with Gorgias Press).

2 Pappé, *The Idea of Israel*, pp. 27-47.

3 Ibid., pp. 153-78.

4 對哈瑪斯的另一種新觀點可見於 Sara Roy, *Hamas and Civil Society in Gaza: Engaging the Islamist Social Sector*, Princeton: Princeton University Press, 2011。

5 Yehuda Lukacs, *Israel, Jordan, and the Peace Process*, Albany: Syracuse University Press, 1999, p. 141.

6 引自 Andrew Higgins, "How Israel Helped to Spawn Hamas," *Wall Street Journal*, January 24, 2009。

7 Shlomi Eldar, *To Know the Hamas*, Tel Aviv: Keter, 2012 (Hebrew).

8 Ishaan Tharoor, "How Israel Helped to Create Hamas," *Washington Post*, July 30, 2014.

9 取自《國土報》於二〇一六年四月二十五日對謝朋的採訪。

10 對於納坦亞胡是如何採用「文明衝突論」，一位大學學生寫了一份優秀的分析報告，可參見 Joshua R. Fattal, "Israel vs. Hamas: A Clash of Civilizations?," *The World Post*, August 22, 2014 at huffingtonpost.com。

11 譯注：臨海大道在基督宗教信仰裡又稱「君王大道」，是古代地中海地區的重要商路，也是基督宗教朝聖者和穆斯林朝聖者的重要路線。

12 "Hamas Accuses Fatah over Attack," Al Jazeera, December 15, 2006.

13 Ibrahim Razzaq, "Reporter's Family was Caught in the Gunfire," *Boston Globe*, May 17, 2007。關於那段艱

苦的日子，這是許多目擊者記述的其中之一。

14 "Palestine Papers: UK's MI6 'tried to weaken Hamas,'" BBC News, January 25, 2011 at bbc.co.uk.

15 Ian Black, "Palestine Papers Reveal MI6 Drew up Plan for Crackdown on Hamas," *Guardian*, January 25, 2011.

16 在以下報導中能一睹他的觀點：Yuval Steinitz, "How Palestinian Hate Prevents Peace," *New York Times*, October 15, 2013。

17 Reshet Bet, Israel Broadcast, April 18, 2004.

18 Benny Morris, Channel One, April 18, 2004。亦可參見 Joel Beinin,"No More Tears: Benny Morris and the Road Back from Liberal Zionism," *MERIP*, 230 (Spring 2004)。

19 Pappé, "Revisiting 1967."

20 Ari Shavit,"PM Aide: Gaza Plan Aims to Freeze the Peace Process,"*Haaretz*, October 6, 2004.

21 *Haaretz*, April 17, 2004.

22 Pappé, "Revisiting 1967."

23 譯注：法文原意「黑腳」，可指生活在阿爾及利亞的法國或歐洲公民，但特別指出生在阿爾及利亞的歐洲定居者後裔。

24 關於當天事件，可參見這份優秀的分析報告：Ali Abunimah,"Why All the Fuss About the Bush-Sharon Meeting," *Electronic Intifada*, April 14, 2014。

25 引自 *Yediot Ahronoth*, April 22, 2014。

26 參見 "Legal Consequences of the Construction of a Wall in the Occupied Palestinian Territory," on the ICJ website, icj-cij.org。

27 貝林起初在二〇〇四年三月反對撤軍，但在當年七月起便轉而公開支持（Channel One interview, July 4, 2004）。

28 參見卜采萊姆網站（btselem.org）上的死傷人數統計資料。

29 Leslie Susser, "The Rise and Fall of the Kadima Party," *Jerusalem Post*, August 8, 2012.

30 John Dugard, *Report of the Special Rapporteur on the Situation of the Human Rights in the Palestinian Territories Occupied by Israel since 1967*, UN Commission on Human Rights, Geneva, March 3, 2005.

31 參見以下分析：Roni Sofer, *Ma'ariv*, September 27, 2005。

32 譯注：指由哈瑪斯旗下單位卡桑旅研發的土製火箭炮。

33 Anne Penketh, "US and Arab States Clash at the UN Security Council," *Independent*, March 3, 2008.

34 David Morrison, "The Israel-Hamas Ceasefire," *Sadaka*, 2nd edition, March 2010 at web.archive.org.

35 "Wiki Leaks: Israel Aimed to Keep Gaza Economy on the Brink of Collapse," *Reuters*, January 5, 2011.

36 Morrison, "The Israel-Hamas Ceasefire."

37 參見卜采萊姆的報告 "Fatalities during Operation Cast Lead" at btselem.org。

38 "Gaza Could Become Uninhabitable in Less Than Five Years Due to Ongoing 'De-development'," UN News Centre, September 1, 2015 at un.org.

第十章　兩國方案是未來的唯一解方

1 Daniel Clinton, "Jeremy Corbyn Appears to Compare Supporters of Israel with ISIS at Release of Anti-Semitism Report," *Jerusalem Post*, June 30, 2016.

2 關於這本「辭典」，參見 Noam Chomsky and Ilan Pappé, *On Palestine*, London: Penguin, 2016。

結語

1 譯注：例外論又稱特殊主義，意指某個國家或社會認為其脈絡特殊，因而無法被一般普世或普遍的理論或框架所解釋。

國家圖書館出版品預行編目資料

這才是以色列：揭露歷史謊言和神話底下的以色列/伊蘭.帕佩(Ilan Pappé)著；方昱和譯. -- 初版. -- 臺北市：商周出版, 城邦文化事業股份有限公司出版：英屬蓋曼群島商家庭傳媒股份有限公司城邦分公司發行, 民111.04
面； 公分. -- (Discourse；111)
譯自：Ten myths about Israel
ISBN 978-626-318-245-5(平裝)
1. CST: 中東史 2.CST: 中東問題 3.CST: 國際衝突 4.CST: 巴勒斯坦
5.CST: 以色列
735.01 111004416

Discourse 111

這才是以色列：

揭露歷史謊言和神話底下的以色列

原著書名／Ten Myths About Israel
作　　者／伊蘭・帕佩（Ilan Pappé）
譯　　者／方昱和
責任編輯／李尚遠

版　　權／黃淑敏、林易萱
行銷業務／周丹蘋、賴正祐
總 編 輯／楊如玉
總 經 理／彭之琬
事業群總經理／黃淑貞
發 行 人／何飛鵬
法律顧問／元禾法律事務所　王子文律師
出　　版／商周出版
城邦文化事業股份有限公司
臺北市中山區民生東路二段141號9樓
電話：(02) 2500-7008 傳眞：(02) 2500-7759
E-mail：bwp.service@cite.com.tw
發　　行／英屬蓋曼群島商家庭傳媒股份有限公司城邦分公司
臺北市中山區民生東路二段141號2樓
書虫客服服務專線：(02) 2500-7718・(02) 2500-7719
服務時間：週一至週五09:30-12:00・13:30-17:00
24小時傳眞服務：(02) 2500-1990・(02) 2500-1991
郵撥帳號：19863813　戶名：書虫股份有限公司
E-mail：service@readingclub.com.tw
歡迎光臨城邦讀書花園 網址：www.cite.com.tw
香港發行所／城邦（香港）出版集團有限公司
香港灣仔駱克道193號東超商業中心1樓
電話：(852) 2508-6231　傳眞：(852) 2578-9337
E-mail：hkcite@biznetvigator.com
馬新發行所／城邦(馬新)出版集團 Cité (M) Sdn. Bhd.
41, Jalan Radin Anum, Bandar Baru Sri Petaling,
57000 Kuala Lumpur, Malaysia
電話：(603) 9057-8822　傳眞：(603) 9057-6622
E-mail：cite@cite.com.my

封面設計／李東記
排　　版／新鑫電腦排版工作室
印　　刷／韋懋實業有限公司
經 銷 商／聯合發行股份有限公司
電話：(02) 2917-8022　傳眞：(02) 2911-0053
地址：新北市231新店區寶橋路235巷6弄6號2樓

■2022年（民111）4月初版
■2023年（民112）12月初版2.3刷
定價 420元

Printed in Taiwan

城邦讀書花園
www.cite.com.tw

ISBN 978-626-318-245-5

廣　告　回
北區郵政管理登記
台北廣字第000791
郵資已付，免貼郵

104台北市民生東路二段141號2樓

英屬蓋曼群島商家庭傳媒股份有限公司　城邦分公司

請沿虛線對摺，謝謝！

書號：BK7111	**書名：**這才是以色列	**編碼：**

請於此處用膠水黏貼

商周出版

讀者回函卡

線上版讀者回函卡

感謝您購買我們出版的書籍！請費心填寫此回函卡，我們將不定期寄上城邦集團最新的出版訊息。

姓名：＿＿＿＿＿＿＿＿＿＿＿＿＿＿ 性別：□男 □女

生日：西元＿＿＿＿＿年＿＿＿＿＿月＿＿＿＿＿日

地址：＿＿＿＿＿＿＿＿＿＿＿＿＿＿＿＿＿＿

聯絡電話：＿＿＿＿＿＿＿＿＿＿ 傳真：＿＿＿＿＿＿＿＿

E-mail ：

學歷：□ 1. 小學 □ 2. 國中 □ 3. 高中 □ 4. 大學 □ 5. 研究所以上

職業：□ 1. 學生 □ 2. 軍公教 □ 3. 服務 □ 4. 金融 □ 5. 製造 □ 6. 資訊

□ 7. 傳播 □ 8. 自由業 □ 9. 農漁牧 □ 10. 家管 □ 11. 退休

□ 12. 其他＿＿＿＿＿＿＿＿＿＿＿＿＿＿

您從何種方式得知本書消息？

□ 1. 書店 □ 2. 網路 □ 3. 報紙 □ 4. 雜誌 □ 5. 廣播 □ 6. 電視

□ 7. 親友推薦 □ 8. 其他＿＿＿＿＿＿＿＿＿＿

您通常以何種方式購書？

□ 1. 書店 □ 2. 網路 □ 3. 傳真訂購 □ 4. 郵局劃撥 □ 5. 其他＿＿＿＿

您喜歡閱讀那些類別的書籍？

□ 1. 財經商業 □ 2. 自然科學 □ 3. 歷史 □ 4. 法律 □ 5. 文學

□ 6. 休閒旅遊 □ 7. 小說 □ 8. 人物傳記 □ 9. 生活、勵志 □ 10. 其他

對我們的建議：＿＿＿＿＿＿＿＿＿＿＿＿＿＿＿＿＿＿

＿＿＿＿＿＿＿＿＿＿＿＿＿＿＿＿＿＿

＿＿＿＿＿＿＿＿＿＿＿＿＿＿＿＿＿＿

請於此處用膠水黏貼